时代楷模
黄大年

任仲文 编

人民日报出版社

图书在版编目（CIP）数据

时代楷模黄大年 / 任仲文编 . —3 版 . —北京：
人民日报出版社，2017.8
ISBN 978-7-5115-4863-4

Ⅰ.①时… Ⅱ.①任… Ⅲ.①黄大年（1958-2017）
—生平事迹 Ⅳ.① K826.14

中国版本图书馆 CIP 数据核字（2017）第 192367 号

书　　名：	时代楷模黄大年
编　　者：	任仲文
出 版 人：	董　伟
责任编辑：	曹　腾　高　亮
封面设计：	吕雪梅
出版发行：	人民日报出版社
社　　址：	北京金台西路 2 号
邮政编码：	100733
发行热线：	（010）65369527　65369509　65369510　65369846
邮购热线：	（010）65369530　65363527
编辑热线：	（010）65369523
网　　址：	www.peopledailypress.com
经　　销：	新华书店
印　　刷：	北京鑫瑞兴印刷有限公司
开　　本：	710mm×1000mm　1/16
字　　数：	140 千字
印　　张：	10.25
版　　次：	2017 年 8 月第 1 版　2017 年 12 月第 5 次印刷
书　　号：	ISBN 978-7-5115-4863-4
定　　价：	25.00 元

目 录

习近平对黄大年同志先进事迹作出重要指示
强调心有大我、至诚报国，把爱国之情、报国之志融入祖国改革
　　发展的伟大事业之中、融入人民创造历史的伟大奋斗之中 …… 1

中共中央关于追授黄大年同志"全国优秀共产党员"
　　称号的决定 ………………………………………………… 3

中宣部
追授黄大年"时代楷模"荣誉称号 ………………………………… 6

中组部组织"千人计划"专家学习习近平总书记对黄大年先进事
迹的重要指示精神
见贤思齐　把爱国之心化为报国之行 …………………………… 8

把爱国之情报国之志融入伟大事业伟大奋斗——习近平总书记对
　　黄大年同志先进事迹的重要指示引起强烈反响 ……………… 12

刘云山会见黄大年同志先进事迹报告团 ………………………… 17

"要像黄大年同志那样坚定信仰信念，对党忠诚、心系祖国，把为党和人民事业不懈奋斗作为毕生追求"

学习黄大年集聚实现中国梦的磅礴力量
  巴音朝鲁 ······ 20

坚守大地般深厚的报国初心
  尚　勇 ······ 22

把爱国之心化为报国之行
  黄　维 ······ 24

以身许国　叩开地球之门——追记海归战略科学家黄大年（上）
  孟海鹰 ······ 26

别后思念长　不了家国情——追记海归战略科学家黄大年（下）
  孟海鹰 ······ 30

凝聚爱国情　共筑中国梦——黄大年事迹在广大师生和网民中引发反响
  孟海鹰 ······ 34

在家国情怀中启蒙
  张　建 ······ 36

亲笔写下振兴中华的誓言
  张　建 ······ 38

"要像黄大年同志那样刻苦学习钻研，牢记使命、勇担重任，用知识和本领回报祖国、服务人民"

大力培养和造就黄大年式优秀教师
  陈宝生 ································· 42

凝聚更多黄大年式的新侨
  万立骏 ································· 44

培育优良校风和学风
  杨振斌 ································· 47

地质宫的灯光
  邴 正 ································· 49

海漂到海归 无憾亦无悔
  孟海鹰 ································· 55

用知识改变命运
  张 建 ································· 58

为了让祖国由大变强
  张 建 ································· 60

让青春在奋斗中闪光
  张云泰 ································· 62

"要像黄大年同志那样发扬拼搏精神，勇于创新、攻坚克难，努力创造一流业绩"

将全部奉献给梦想
　　张　建 ·· 66

成为"自燃型"的人
　　钟　超 ·· 68

用生命诠释知识分子的担当
　　韩　寒 ·· 70

"太较真儿"的黄大年
　　杨　舒　鲍盛华 ·· 72

黄大年：用生命铸就探地利器
　　操秀英　高　博 ·· 75

一颗充分燃烧的"能量球"——追记著名地球物理学家黄大年
　　王培莲 ·· 86

黄大年的"万有引力"
　　王梦影 ·· 92

"要像黄大年同志那样涵养高尚情操，不忘初心、淡泊名利，自觉践行共产党人价值观，用模范行动展示共产党员的人格力量"

不想说再见

　　王郁涵 ··· 100

心有大我，山一样的巍峨

　　温红彦　吴储岐 ·· 104

做这样的出彩中国人

　　李洪兴 ··· 120

一位知识分子的"长征"

　　杨　舒　鲍盛华 ·· 122

纯粹的人黄大年

　　李己平 ··· 137

链接·各地深入开展向黄大年学习活动

吉林省召开会议贯彻习近平总书记重要指示精神
深入开展向黄大年学习活动 ·· 143

首都侨界举行黄大年先进事迹报告会 ·· 144

中国科协开展学习黄大年先进事迹活动 ······································ 146

黄大年先进事迹报告会走进江苏 ·· 147

黄大年先进事迹感动上海高校师生…………………………………… 149

黄大年先进事迹报告会走进湖北…………………………………… 151

黄大年先进事迹报告会走进广西…………………………………… 153

黄大年先进事迹报告会走进陕西…………………………………… 155

习近平对黄大年同志先进事迹作出重要指示

强调心有大我、至诚报国，把爱国之情、报国之志融入祖国改革发展的伟大事业之中、融入人民创造历史的伟大奋斗之中

新华社北京5月25日电 中共中央总书记、国家主席、中央军委主席习近平近日对黄大年同志先进事迹作出重要指示指出，黄大年同志秉持科技报国理想，把为祖国富强、民族振兴、人民幸福贡献力量作为毕生追求，为我国教育科研事业作出了突出贡献，他的先进事迹感人肺腑。

习近平强调，我们要以黄大年同志为榜样，学习他心有大我、至诚报国的爱国情怀，学习他教书育人、敢为人先的敬业精神，学习他淡泊名利、甘于奉献的高尚情操，把爱国之情、报国之志融入祖国改革发展的伟大事业之中、融入人民创造历史的伟大奋斗之中，从自己做起，从本职岗位做起，为实现"两个一百年"奋斗目标、实现中华民族伟大复兴的中国梦贡献智慧和力量。

黄大年同志是著名地球物理学家，生前担任吉林大学地球探测科学与技术学院教授、博士生导师。2009年，黄大年同志毅然放弃

国外优越条件回到祖国，刻苦钻研、勇于创新，取得了一系列重大科技成果，填补了多项国内技术空白，今年1月8日不幸因病去世，年仅58岁。

《人民日报》（2017年05月26日　01版）

中共中央关于追授黄大年同志"全国优秀共产党员"称号的决定

（2017 年 7 月 23 日）

2017 年 5 月 24 日，习近平总书记对吉林大学地球探测科学与技术学院原教授黄大年同志先进事迹作出重要指示强调，黄大年同志秉持科技报国理想，把为祖国富强、民族振兴、人民幸福贡献力量作为毕生追求，为我国教育科研事业作出了突出贡献，他的先进事迹感人肺腑。我们要以黄大年同志为榜样，学习他心有大我、至诚报国的爱国情怀，学习他教书育人、敢为人先的敬业精神，学习他淡泊名利、甘于奉献的高尚情操，把爱国之情、报国之志融入祖国改革发展的伟大事业之中、融入人民创造历史的伟大奋斗之中，从自己做起，从本职岗位做起，为实现"两个一百年"奋斗目标、实现中华民族伟大复兴的中国梦贡献智慧和力量。

黄大年，男，广西南宁人，1958 年 8 月出生，1975 年 10 月参加工作，中共党员，著名地球物理学家、国家"千人计划"专家。生前担任吉林大学新兴交叉学科学部学部长，地球探测科学与技术学院教授、博士生导师。2017 年 1 月 8 日因病去世，年仅 58 岁。

黄大年同志对党、对祖国无限热爱，矢志不渝实践科技报国理想，把毕生精力奉献给祖国的教育科研事业，是"两学一做"学习教育中涌现出的先进典型，是新时期归国留学人员心系祖国、报效人民的杰出楷模，是广大知识分子把爱国之情、报国之志自觉融入中华民族伟大复兴宏伟事业的优秀代表。黄大年同志青年时期就立下"振兴中华，乃我辈之责"的宏大志向，他常说"我是国家培养出来的，我的归宿在中国"，自觉把个人理想和国家发展融为一体，毅然放弃国外优越条件回到祖国。归国7年多，他作为国家多个技术攻关项目的首席专家，带领科技团队只争朝夕、顽强拼搏，取得一系列重大科技成果，填补多项国内技术空白，部分成果达到国际领先水平。他秉持"祖国的需要就是最高需要"的人生信条，为实现科技强国梦殚精竭虑，经常工作到凌晨，几乎没有休过寒暑假和节假日，多次累倒在工作岗位上，直到生命最后一刻。他倾尽心血为国育才，主动担任本科层次"李四光实验班"的班主任，言传身教、诲人不倦，叮嘱学生"出去了要回来，出息了要报国"，激励学生树立远大理想和家国情怀，支持资助学生参加国际学术交流，为国家培养出一批"出得去、回得来"的优秀科技人才。他以崇高的爱国情怀、强烈的敬业精神、深厚的学术造诣和高洁的道德品行，赢得学校师生、科研同事和社会各方面广泛赞誉。

为深入学习贯彻习近平总书记重要指示精神，表彰先进、弘扬正气，引导广大党员、干部胸怀理想、坚定信念，开拓进取、敬业奉献，在改革开放和社会主义现代化建设各项事业中发挥先锋模范作用，党中央决定，追授黄大年同志"全国优秀共产党员"称号。

党中央号召，广大党员、干部向黄大年同志学习。要像黄大年同志那样坚定信仰信念，对党忠诚、心系祖国，把为党和人民事业不懈奋斗作为毕生追求。要像黄大年同志那样刻苦学习钻研，牢记使命、勇担重任，用知识和本领回报祖国、服务人民。要像黄大年同志那样发扬拼搏精神，勇于创新、攻坚克难，努力创造一流业绩。要像黄大年同志那样涵养高尚情操，不忘初心、淡泊名利，自觉践行共产党人价值观，用模范行动展示共产党员的人格力量。

各级党组织要把学习黄大年同志先进事迹纳入推进"两学一做"学习教育常态化制度化重要内容，与学党章党规、学系列讲话结合起来，与做好改革发展稳定各项工作结合起来，采取多种形式广泛开展学习宣传。要引导党员、干部以先进典型为榜样，牢固树立"四个意识"，自觉践行"三严三实"要求，努力做到"四个合格"，更加紧密地团结在以习近平同志为核心的党中央周围，立足岗位履职尽责，奋发有为再创佳绩，把爱国之情、报国之志融入祖国改革发展的伟大事业之中、融入人民创造历史的伟大奋斗之中，为统筹推进"五位一体"总体布局和协调推进"四个全面"战略布局，实现"两个一百年"奋斗目标、实现中华民族伟大复兴的中国梦作出新的更大贡献。

（新华社北京7月23日电）

《人民日报》（2017年07月24日 01版）

中宣部
追授黄大年"时代楷模"荣誉称号

新华社长春 5 月 26 日电 为贯彻落实习近平总书记对黄大年同志先进事迹作出的重要指示精神，中央宣传部 26 日向全社会公开宣传发布"践行社会主义核心价值观的优秀知识分子"黄大年的先进事迹，追授黄大年同志"时代楷模"荣誉称号。

黄大年同志生前是享誉世界的地球物理学家。2009 年，他放弃国外优越条件，怀着一腔爱国热情义无反顾返回祖国，担任母校吉林大学地球探测科学与技术学院全职教授、博士生导师，是东北地区首位引进的"千人计划"专家。7 年多来，他不计得失、只争朝夕，带领科研团队辛勤奉献、顽强攻关，取得一系列重大科技成果，填补多项国内技术空白，部分成果达到国际领先水平，为深地资源探测和国防安全建设作出了突出贡献。今年 1 月，黄大年同志因病逝世，年仅 58 岁。5 月 25 日，习近平总书记对黄大年同志先进事迹作出重要指示指出，黄大年同志秉持科技报国理想，把为祖国富强、民族振兴、人民幸福贡献力量作为毕生追求，为我国教育科研事业作出了突出贡献，他的先进事迹感人肺腑。

近一段时间以来，黄大年同志的先进事迹宣传报道后，在全社会引起强烈反响。广大干部群众认为，黄大年同志的先进事迹，集中体现了习近平总书记关于知识分子要自觉做践行社会主义核心价值观的模范的要求，体现了心有大我、至诚报国的爱国情怀，教书育人、敢为人先的敬业精神，淡泊名利、甘于奉献的高尚情操，不愧为践行社会主义核心价值观的优秀知识分子，不愧为建设世界科技强国的时代楷模。广大知识分子、高校教师，特别是留学归国人才纷纷表示，要深入学习贯彻习近平总书记系列重要讲话精神特别是对黄大年同志先进事迹作出的重要指示精神，把爱国之情、报国之志融入祖国改革发展的伟大事业之中、融入人民创造历史的伟大奋斗之中，从自己做起，从本职岗位做起，为实现中华民族伟大复兴的中国梦贡献智慧和力量，以优异成绩迎接党的十九大胜利召开。

"时代楷模"宣传发布以"我们的价值观、我们的中国梦"为主题，现场发布了黄大年同志的先进事迹，宣读了《中共中央宣传部关于追授黄大年同志"时代楷模"荣誉称号的决定》，播放了反映他先进事迹的短片，中宣部负责同志为黄大年同志的亲属颁发了"时代楷模"奖章和荣誉证书。中央和国家机关有关部门负责同志参加发布仪式。

《人民日报》（2017年05月27日　04版）

中组部组织"千人计划"专家
学习习近平总书记对黄大年先进事迹的重要指示精神
见贤思齐　把爱国之心化为报国之行

江　琳

近日，习近平总书记对国家"千人计划"专家黄大年先进事迹作出重要指示，在广大海外归国人才中引起强烈反响。

5月26日，中组部组织国家"千人计划"专家座谈会，专家们深入学习领会总书记重要指示精神，缅怀英才，畅谈体会，抒发赤子情怀，坚定报国志向。

"习近平总书记重要指示为知识分子科研报国指明了方向"

"天下兴亡、匹夫有责。"科研报国是知识分子的共同价值追求，爱国贵在行动。

作为"中国天眼"500米口径球面射电望远镜项目（FAST）首席科学家，国家天文台李菂表示："习近平总书记的重要指示为知识分子科研报国指明了方向，我们一定按照总书记重要指示要求，精进努力，不辱使命，早出成果、多出成果、出好成果、出大成果。"

近期，我国首次实现海域可燃冰试采成功。作为可燃冰试采工程首席科学家，北京大学教授卢海龙说："可燃冰开采工程对国家能源安全具有重大战略意义，我国可燃冰勘探研究工作起步较晚，但敢于面对挑战、勇于创新。我对习近平总书记重要指示中'科技报国''敢为人先'这八个字感触尤深，我们团队将继续发扬担当精神，奋勇争先，砥砺前行。"

在南京工业大学校长黄维看来，海归学者只有把个人理想、追求与国家发展、民族富强紧密结合，人生才有价值有意义。

重庆大学物理学院常务副院长刘雳宇认为，科研人员应该多考虑自己的研究对国家和民族的意义，把科研工作放到服务国家富强、民族振兴、人民幸福的事业中去考量。

习近平总书记的重要指示，让中科院微生物所研究员傅钰感受最深的是"两个融入"，他认为："知识分子光有追求、情怀是不够的，还应自觉将其转化为国家繁荣昌盛、实现'两个一百年'目标的实际行动。"

"黄大年老师的身体力行，生动阐释了知识分子实现人生价值的途径。"北京建筑设计研究院总建筑师吴晨说，"我们要把习近平总书记的重要指示理解深、理解透，把它作为报效国家民族、实现人生价值的行动指引。"

"习近平总书记重要指示饱含对人才的深情关爱和殷切期望"

"习近平总书记的重要指示是对黄大年先进事迹的充分肯定，也是对广大知识分子的极大激励、对广大海外人才的巨大感召。""千人计划"专家们感到，把才智奉献给祖国是广大海外人才发自内心的选择。

作为黄大年的亲密战友，"千人计划"专家张丹深切感到："黄大年的事迹得到总书记的高度评价，让我们备感振奋、备受鼓舞。"

电子科技大学教授王曾晖说："近期中央印发了党委联系服务专

家工作的意见,对如何关心关爱人才作出重要部署。总书记的重要指示饱含对人才的深情关爱和殷切期望,进一步体现了中央对人才的重视。我们感到,这是一个珍惜人才、爱护人才、颂扬有杰出贡献人才的社会,这也必将是一个能够造就更多科技英雄的伟大时代。"

第七批"千人计划"入选者、中科院微生物所研究员方敏说:"黄大年老师是'千人计划'首批引进的专家,现在'千人计划'专家已经超过7000人,如果没有'千人计划'的召唤,我们这些人也可能回来,但难以达到这么大规模,我们对祖国的信任充满感激。"

"黄大年不仅是科研人员的榜样,也是各行各业共同的榜样"

"钱学森是老一辈海归科学家的光辉典范,黄大年则是新时期留学归国人员的优秀楷模。"专家们深切感到,"千人计划"专家应当率先传承发扬黄大年精神。

北京大学第三医院研究员李默的母亲在电视里看到黄大年的事迹,深受感动,特意叮嘱李默要好好向黄大年学习。李默认为,黄大年不仅是留学人员、科研人员的榜样,也是各行各业共同的榜样,"作为'千人计划'专家,更应带头传承发扬黄大年精神"。

"我们青年'千人计划'专家应率先向黄大年学习,不忘归国创新创业、为国奉献的初心。"虽然和黄大年仅有一面之缘,但苏州大学教授杨磊却为黄大年的赤子之心、"拼命三郎"作风深深折服。

"千人计划"联谊会副秘书长谭慷说:"我们与大年归国的选择是一样的,报效国家的赤胆忠心也是一样的,我要以大年为榜样,将个人进步融入国家事业发展,为实现中国梦添砖加瓦。"

兰州大学信息科学与工程学院院长胡斌谈道:"黄大年老师的事迹让爱国、敬业等核心价值观更加鲜活实在,应该很好地提炼总结,作为高校思想教育案例进课堂。"

对于目前学术界存在的功利倾向，浙江大学信息与电子工程学院教授储涛认为，黄大年的先进事迹，对科研人员、高校教师也很有教育意义，"我们大家都应按照总书记的指示，好好思考如何做一名知识分子"。

创业专家李勇说："各行各业都应学习黄大年'心有大我、至诚报国，教书育人、敢为人先，淡泊名利、甘于奉献'的精神，把英雄的丰碑刻在我们这代人的心中。"

中组部人才局负责人表示，习近平总书记的重要指示，极大激发了广大人才爱国报国热情，进一步指明了人才工作服务国家大局的方向和使命。中组部人才局将会同有关部门加大力度实施国家"千人计划"，统筹用好海内外人才资源，把各方面人才智慧和力量凝聚到党和国家事业中来，为实现中华民族伟大复兴的中国梦作出更大贡献。

（作者为人民日报记者）

《人民日报》（2017年05月28日　04版）

把爱国之情报国之志融入伟大事业伟大奋斗

——习近平总书记对黄大年同志先进事迹的重要指示引起强烈反响

习近平总书记近日对黄大年同志先进事迹作出重要指示，在广大科研教育工作者、知识分子和青年学子中引起强烈反响。

大家表示，黄大年同志先进事迹感人至深，习近平总书记重要指示催人奋进，我们要把爱国之情、报国之志融入祖国改革发展的伟大事业之中、融入人民创造历史的伟大奋斗之中，从自己做起，从本职岗位做起，为实现"两个一百年"奋斗目标、实现中华民族伟大复兴的中国梦贡献智慧和力量。

用爱国书写心中大我

心有大我，至诚报国。

看到习近平总书记对黄大年同志先进事迹作出的重要指示，不少熟悉了解黄大年的人都流下了激动的泪水："爱国情怀，这就是黄大年的精神支柱，这就是黄大年的幸福源泉！"

作为黄大年的秘书，王郁涵见证了他为祖国科技事业付出的全部心血：" 黄老师一生为国，放弃国外优越生活毅然回到祖国，他心里有祖国、有学校，却没有考虑'小我'。"

"他是一位真正的爱国者。" 采访过黄大年的新华社记者王海鹰回忆说，黄大年为了国家，一切都可以舍弃：金钱、房产、职位、家庭、健康……这个"科研疯子"把自己全部献给了国家。

鞠躬尽瘁兴邦梦，赤胆忠心爱国情。

黄大年的先进事迹宛若一部有血有肉的教科书，每一页都写满了爱国之情，每一篇都抒发了强国之志，每一章都印证了报国之行。

提起好友黄大年，同为海归学者，清华大学副校长、中科院院士施一公有不舍，更有敬意："大年是一个具有极其强烈的报国理想和报国冲动的人，我能够很深刻地感受到他这种迫切的心情。他是我所见过的对国家科学事业、对国家繁荣富强最痴心的科学家。"

"我们要以黄大年同志为榜样，学习他心有大我、至诚报国的爱国情怀……" 习近平总书记作出重要指示。

"'振兴中华，乃吾辈之责'是黄老师从年轻时就秉持的信念，并终生为之奋斗，他将满腔热血全都献给了祖国的地球物理事业。" 黄大年的学生赵思敏说，"作为他的学生，我愿意一直秉持'黄大年精神'，做一朵小小的浪花奔腾，让生命为祖国而澎湃。"

"响应总书记号召，学习黄大年首先要学他的爱国精神、爱国情怀，就是只争朝夕，拿出成绩。我们共同的愿望，就是为祖国的繁荣强大尽一份绵薄之力。" 跟黄大年同一批入选"千人计划"的专家闫大鹏说。

以创新成就复兴伟业

"我是活一天赚一天，哪天倒下，就地掩埋……"

每次想到黄大年老师生前在微信朋友圈里写下的这句话，黄大年科研团队的核心成员、吉林大学地球探测科学与技术学院教授于平总是心潮澎湃:"我们能做的,就是继承和发扬黄老师'科研疯子'的精神,更加勤奋地工作,完成他未竟的事业。"

科技兴则民族兴,科技强则国家强。

"中国要想成为世界科技强国,在科技赛场必须有'一招鲜',必须在若干领域创新水平处于世界前列。"南京工业大学校长黄维说,当下,我国科研人员有了更多的机遇和更广阔的平台,要像黄大年那样瞄准原创性、颠覆性和解决重大问题的技术创新,前瞻性和引领性地部署任务,才能在世界科技赛场上实现"弯道超车"。

黄大年科技报国、无怨无悔的精彩人生,激励着广大科研工作者。

"'秉持科技报国理想,把为祖国富强、民族振兴、人民幸福贡献力量作为毕生追求',习近平总书记这一重要指示,准确概括了黄大年老师短暂而精彩的一生,为我们青年科技工作者树立了一面人生旗帜。"北京航空航天大学自动化科学与电气工程学院副教授、博士生导师李阳说,"我们要担负起时代赋予的使命和责任,勇攀科学高峰。"

即将启程前往新加坡国立大学深造的北京大学数学科学学院博士生蔡永强说:"与发达国家相比,我国在计算数学方面还有差距。我会在国外努力学习前沿知识,开阔眼界,像黄大年老师一样,在自己的领域精深研究并力争有所突破,为国家在材料应用方面提供更为精准的计算方法,推动产业发展。"

"习近平总书记的重要指示,既是对黄大年同志的充分肯定和极大褒扬,也体现了总书记对科技创新和科技工作者的高度重视。"陕西省科技厅副厅长孙科说,作为科技主管部门,要更加关心和爱护包括海归人才在内的广大科技工作者,创造更为便利的条件,支持他们安心、专心从事科研工作。

以担当扛起责任使命

在学生们心中，黄大年从来不是一个"高高在上的学术权威"，而是一个"严师慈父的长辈"、一个"推心置腹的朋友"。

回忆起学生时代，黄大年的学生、吉林大学地球探测科学与技术学院青年教师李丽丽说："当年，黄老师创造各种机会送我去学习英语、参加国际交流，毕业后还为我留校四处奔波。"

"教书育人、敢为人先"，黄大年的这种敬业精神、育人情怀深深感动着大家。

"看到他，你会知道怎样才能一生无悔，那就是全心投入、鞠躬尽瘁，把责任和担当扛在肩上。"四川大学马克思主义学院副院长、教授刘吕红在学习了习近平总书记的重要指示和黄大年同志的先进事迹后眼含热泪，"我们要努力做先进思想文化的传播者，切实担起学生健康成长指导者和引路人的责任。"

上海交通大学核科学与工程学院党支部书记、博士生导师刘晓晶表示，作为高校教师，对学生不仅要授之以道，还要育之以德，教育他们脚踏实地做科研，不负时代、不负年华，成为与祖国同行的人，为祖国的事业而奋斗。

黄大年教授永远离开了，但是他的精神像一盏明灯，点亮了信仰之光，照亮了报国之路。

中国科学技术大学学生田元景说，习近平总书记对黄大年同志先进事迹的重要指示让人思考：青年一代到底肩负着怎样的责任和使命？怎样把个人命运和国家命运结合起来？在实现中华民族伟大复兴的历史进程中，应当怎样才能有所作为，才能无愧于这个时代？

"在黄老师身上，我深深感到了榜样的力量。"南开大学文学院硕士研究生唐小童专门用了几个小时读遍了有关黄大年的报道，"我不仅要将所学所感分享给身边人,还要像总书记要求的那样,从自己做起,从本职岗位做起,为实现'两个一百年'奋斗目标、实现中华民族伟大复兴的中国梦贡献智慧和力量。"

(新华社北京5月26日电 记者刘奕湛、史竞男、施雨岑)

《人民日报》(2017年05月27日 04版)

刘云山会见黄大年同志先进事迹报告团

人民日报北京 7 月 3 日电 （记者张洋）黄大年同志先进事迹报告会 3 日上午在人民大会堂举行。报告会前，中共中央政治局常委、中央书记处书记刘云山会见了报告团成员，代表习近平总书记，代表党中央，向黄大年同志家属表示亲切慰问，并颁发党中央追授黄大年同志"全国优秀共产党员"证书、奖章。

黄大年同志是著名地球物理学家，生前担任吉林大学教授、博士生导师。2009 年，他从国外回到祖国，成为国家"千人计划"专家。他刻苦钻研、勇于创新，取得一系列重大科技成果，为深地资源探测和国防安全建设作出了突出贡献。今年 1 月 8 日，黄大年同志因病不幸去世，年仅 58 岁。习近平总书记作出重要指示，高度赞扬黄大年同志的先进事迹和崇高精神，强调要以黄大年同志为榜样，把爱国之情、报国之志融入祖国改革发展的伟大事业之中，融入人民创造历史的伟大奋斗之中。

刘云山在会见时说，黄大年同志的事迹和精神感人至深，不愧为新时期共产党员的榜样和我国知识分子的优秀代表。他用自己无悔的选择和一生的实践，生动诠释了什么是不忘初心、什么是忠诚担当、什么是敬业奉献，回答了如何对待党和人民事业、对待个人名利得失的问题，展现了中国共产党人和爱国报国知识分子的品格和风骨。要认真贯彻习近平总书记重要指示，用好先进典型这面镜子，深入学习黄大年同志心有大我、至诚报国的爱国情怀，教书育人、敢为人先的敬业精神，淡泊名利、甘于奉献的高尚情操，带着信念、感情、责任做好本职工作，为党和人民事业贡献力量。

刘云山指出，学习先进，贵在见思想、见精神、见行动。各级党组织要把黄大年同志等先进典型作为"两学一做"学习教育常态化制度化的鲜活教材，引导广大党员干部对照学习、以身作则，发挥先锋模范作用。要把学习黄大年同志先进事迹同培育和践行社会主义核心价值观结合起来，同加强和改进高校思想政治工作结合起来，同建设世界科技强国的实践结合起来，更好促进各项事业发展。宣传部门和新闻单位要深入宣传黄大年同志的先进事迹和高尚精神，营造崇德向善、见贤思齐的浓厚社会氛围，让更多的人受到教育和激励。

刘延东、刘奇葆、赵乐际参加会见。

报告会由中组部、中宣部、教育部、科技部、中国科协和吉林省委联合主办。中央和国家机关干部代表、首都科技工作者和高校师生代表等参加报告会。报告团成员结合亲身经历，讲述了黄大年同志的先进事迹和崇高精神，会场多次响起热烈掌声。

《人民日报》（2017年07月04日　01版）

"要像黄大年同志那样坚定信仰信念，对党忠诚、心系祖国，把为党和人民事业不懈奋斗作为毕生追求"

学习黄大年集聚实现中国梦的磅礴力量

巴音朝鲁

习近平总书记的重要指示，高度评价了黄大年的崇高精神和卓越贡献，充分体现了党中央对广大教育科技工作者的重视与关爱、重托与期待，饱含了对广大党员干部牢记宗旨、忠诚报国的谆谆教导和殷切希望。深入学习贯彻总书记重要指示精神，大力弘扬黄大年先进事迹，对于决胜全面小康、建设幸福美好吉林，具有重要意义。

习近平总书记对黄大年先进事迹的重要指示，深刻阐明了黄大年崇高精神的时代内涵。黄大年心有大我、至诚报国的爱国情怀，凝聚着以爱国主义为核心的民族精神。黄大年有着一颗为中国梦澎湃的赤子之心，从"海漂"到"海归"，把爱国之情、强国之志、报国之行融入祖国改革发展的伟大事业，融入人民创造历史的伟大奋斗，这既是他个人命运的转折，也是实现中国梦伟大时代进程的一个折射。黄大年教书育人、敢为人先的敬业精神，蕴含着以改革创新为核心的时代精神。黄大年洞察中国从科技大国向科技强国迈进的发展大势，带领几百名科学家奋力创造多项国际领先的科研成果，潜心为祖国培养后继创新人才，这充分展现了当代知识分子身上敢为人先、开拓创新、赶超世界一流的历史担当和时代豪情。黄大年淡泊名利、甘于奉献的高尚情操，体现了当代共产党人的不变初心。

黄大年想国家之所想、急国家之所急，从来不求个人名利、不计个人得失，夜以继日、忘我工作，拼搏至生命最后一息。"只要祖国需要，我必全力以赴"，这是黄大年人生的写照，更是一个共产党人的初心所在，必将载入共产党人的精神史册。

深入贯彻落实总书记重要指示精神，以黄大年为榜样，为决胜全面小康、实现中华民族伟大复兴的中国梦集聚磅礴的精神力量。我们要通过报告会、新闻报道、文艺作品等多种形式广泛宣传黄大年先进事迹，在全省进一步掀起学习黄大年先进事迹和崇高精神的热潮，引导广大党员干部敢于担当、积极作为、无私奉献。要把学习宣传黄大年先进事迹纳入"两学一做"学习教育常态化制度化重要内容，在全省各级党组织深入组织开展"学习习近平总书记重要指示精神，争做黄大年式共产党员"主题教育活动。要把学习宣传黄大年先进事迹同加强和改进高校思想政治工作、培育和践行社会主义核心价值观结合起来，引导广大教育工作者把社会主义核心价值观融入教育教学各环节，用战略视野和高尚师德培育和造就社会主义合格建设者和可靠接班人。要把学习宣传黄大年先进事迹同激发人才创新创造活力、服务经济社会发展结合起来，鼓励和引领广大人才争做实现中华民族伟大复兴中国梦的追梦者和筑梦者，在决胜全面小康、建设幸福美好吉林中建功立业，以优异成绩迎接党的十九大胜利召开。

（作者为吉林省委书记）

《人民日报》（2017年07月18日　17版）

坚守大地般深厚的报国初心

尚 勇

黄大年用有限的生命，诠释了为党和人民事业无限奋斗的伟大精神，树立了当代科学家的时代丰碑。广大科技工作者要深入学习贯彻习近平总书记重要指示，以黄大年精神凝心铸魂、精忠报国、敢为人先、求真诚信、拼搏奉献，自觉肩负起建设世界科技强国的历史使命。

心有大我、至诚报国的爱国情怀是科技工作者首要也是最宝贵的精神内涵。科学无国界，科学家有祖国。黄大年毅然放弃国外优越的科研条件和安逸生活，成为东北地区第一位"千人计划"归国者，为的就是不忘当年立志振兴国家科技的初心。他始终将这一信念贯穿在科研工作中，把个人成就与国家需求紧密结合，塑造着一种超越个人快乐的伟大志趣。他对祖国的真挚感情，已深入于骨髓，融化在血液中，成为勇攀科技高峰的不竭动力，并以强大的感召力激励更多人投身中华民族伟大复兴中国梦的宏伟事业中。

教书育人、敢为人先的敬业精神是科技工作者应率先垂范并大力践行的事业准则。黄大年始终以为祖国培养人才为己任，把目标定在祖国未来几十年发展的人才需求上，用行动阐释了师者之行、之德。他以服务国家重大战略和经济社会发展需求为目标，带领团队填补多项国家空白，占领国际科技竞争制高点，在激烈的世界科技竞争舞台上与国际同行论伯仲、争高下，充分体现了当代中国科学家的创新气魄和使命担当。

淡泊名利、甘于奉献的高尚情操是科技工作者应始终坚守并大力弘扬的价值追求。当把为加快国家科技发展作为最高目标时，就可以不为任何名利所羁绊，使个人价值与党和人民的利益实现高度统一。黄大年始终在科研一线躬身前行，以高度的责任感和使命感与日新月异的科技变革浪潮展开竞赛，为国家科技追赶的脚步赢得了更多时间，堪为新时期"两弹一星""载人航天"精神的杰出践行者。

祖国不会忘记，人民不会忘记。黄大年留给我们的精神财富，必将激励和鞭策广大科技工作者不忘初心，砥砺前行，创新争先，勇立新功，奋力投身建设世界科技强国的伟大征程，不断谱写中华民族伟大复兴中国梦的雄伟篇章！

（作者时任中国科协党组书记、常务副主席、书记处第一书记）

《人民日报》（2017年07月18日 17版）

把爱国之心化为报国之行

黄 维

黄大年是享誉世界的地球物理学家，他为国家事业奋斗至生命最后一刻，取得了一系列重大科技成果，填补多项国内技术空白，达到国际领先水平。他的爱国之心和报国之行，在广大海归科技工作者心中树起了一座巍然屹立的精神丰碑。

明确知识分子爱国的责任与担当。爱国主义精神是中华民族千百年来积淀下来的优良传统和政治优势。黄大年传承了中华民族的精神血脉，他用自己的爱国之行告诉我们，海归学者只有把个人的理想追求与国家的发展、民族的富强紧密结合在一起，人生才更有价值。在我们身边有无数像黄大年一样，具有拳拳爱国心的知识分子，他们在平凡而普通的岗位上，以自己最擅长的方式，书写着爱国情怀，履行着当代知识分子爱国的责任和担当。

践行知识分子报国的理想与信念。坚定的理想信念，编制了中国共产党人事业成功的红色基因，培育了中国共产党人百折不挠的革命意志，孕育了中国共产党人无所畏惧的牺牲精神，奠定了中国共产党人立世兴邦的文化自信，实现了中国共产党人与时俱进的自我净化。作为科技工作者，我们更应该聚焦国家战略需求，勇攀科学技术高峰，创造举世瞩目成就，为推动我国科技进步、经济发展、人民生活水平提高、国防建设现代化和国家决策优化作出应有贡献。

营造干事创业的良好氛围。在全社会大兴识才爱才敬才用才之风，这是党和国家事业发展的紧迫需要，也是时代大势的呼唤。近年来，国家给归国留学人员提供了前所未有的事业平台，尤其通过国家"千人计划"青年项目等，给青年归国人才委以重任，给予了很大的发展空间。作为教育管理一线人员，我们更应该发挥桥梁和纽带作用，协助党和政府，为归国人才营造宽松、宽心、宽裕的科研氛围，实现事业聚人心。

黄大年是我们学习奋进的榜样。我们要把爱国之情、报国之志融入祖国改革发展的伟大事业之中、融入人民创造历史的伟大奋斗之中，为实现"两个一百年"奋斗目标、实现中华民族伟大复兴的中国梦贡献智慧和力量。

（作者为国家"千人计划"专家、中国科学院院士、俄罗斯科学院外籍院士、西北工业大学常务副校长）

《人民日报》（2017年07月18日　17版）

以身许国　叩开地球之门

——追记海归战略科学家黄大年（上）

孟海鹰

黄大年是吉林大学地球探测科学与技术学院教授，也是东北地区第一批"千人计划"特聘专家。2009年，怀着一腔爱国热情，黄大年从英国剑桥返回祖国，被选为国家"深部探测关键仪器装备研制与实验项目"首席科学家。7年间，夙兴夜寐，黄大年带领团队在航空地球物理领域取得一系列卓越成就，以拼命三郎精神叩开"地球之门"，抢占国际前沿科技制高点。

积劳成疾，天不假年，2017年1月8日，黄大年病逝于长春。他用短暂的一生书写了新时期知识分子的爱国情怀。2月24日，吉林省委、省政府追授黄大年为特等劳动模范，并在全省开展向他学习活动。4月6日，教育部追授黄大年"全国优秀教师"荣誉称号。

时刻听从祖国的召唤

7年前的平安夜，黄大年坚定地登上回国航班。

身后，是剑桥大学旁的花园别墅；是弃在停车场的豪车和满满两仓库药品；是学医的妻子放声痛哭，忍痛关闭的两个私人诊所；是仍在英国求学的女儿……

心中，是这个从大山中走出的孩子从不曾忘却的赤子情怀——时刻听从祖国的召唤。

黄大年1958年出生在广西南宁一个知识分子家庭。1977年，国家恢复高考后，他每晚在油灯下刻苦读书。高考头一天，他走了近一天的山路，才走到考点。

二十年弹指一挥间。1996年，黄大年以排名第一的成绩获得英国利兹大学地球物理学博士学位。

2009年4月，接到吉林大学地球探测科学与技术学院院长刘财传来的国家"海外高层次人才引进计划"后，黄大年表示马上回国。他觉得，作为高端科技人员，在硕果累累的时候回来更有价值。当时，黄大年已在英国剑桥ARKeX航空地球物理公司任高级研究员12年，是航空地球物理研究领域享誉世界的科学家，主持研发的许多成果都处于世界领先地位。

黄大年的学生周文月追忆，她问老师为什么抛下那么多毅然回国。黄大年回答：这是必然。我们这些长年在国外的专家，对祖国的爱很深很深。

走下飞机，长春以漫天飞雪迎接游子回家。康河柔波、剑桥水草，怎及游子心中白雪飘飘的北国那似父亲般粗犷的拥抱——多年前，弥留的父亲打电话留下最后的遗言，"孩子，你是有祖国的。"

回国后第六天，黄大年与吉大正式签下全职教授合同，开启了"拼命黄郎"工作模式。

锻造国之利器，叩开"地球之门"

7年来，黄大年仿佛铸剑者，为祖国在航空地球物理领域的目标——巡天探地潜海，向深地深空深海进军铺路筑桥、锻造利器。

"通俗地讲，就是要透视地球，给地球做 CT。军用、民用都有大用场。"黄大年的助手、吉林大学移动平台探测技术研发中心于平教授说，比如地震海啸等地质灾害的发生，都有深层次机理，必须向地球深部进军，了解地球深部地质构造。

作为地球深部探测计划的重要部分，探测技术装备必须突破发达国家的技术封锁。回国后，黄大年成为国家"深部探测关键仪器装备研制与实验项目"首席科学家。数年间，国家财政投入约 4.4 亿元，项目以吉林大学为中心，汇集了 400 多名来自高校和中科院的优秀科技人员，取得一系列重大成果：

固定翼无人机航磁探测系统工程样机研制成功，填补了国内无人机大面积探测的技术空白；无缆自定位地震勘探系统工程样机研制突破关键技术，为开展大面积地震勘探提供了技术支持和坚实基础；成功研制出万米大陆科学钻探工程样机"地壳一号"，为实施我国超深井大陆科学钻探工程提供了强有力的技术装备支持……这些成果，为实施国家地球探测计划奠定了技术经验和人才储备，全面提高了我国在地球深部探测重型装备方面的自主研发能力。

2011 年，黄大年负责组织高科技联合攻关团队，承接科技部"863 计划"航空探测装备主题项目，开展军民两用技术研究。超高精密机械和电子技术、纳米和微电机技术、高温和低温超导原理技术等多项关键技术进步显著，快速移动平台探测技术装备研发也首次攻克瓶颈，突破国外封锁。

刘财说，黄大年回国前，我国对于航空重力测量的研究，尤其是重力梯度仪的研制，仅停留在理论和实验室样机研究阶段；现在已经进入了工程样机研究阶段。在数据获取的能力和精度上，我国与国际的研发速度相比至少缩短了 10 年。而在算法上，则达到了与国际持平的水平。

为了祖国的事业燃烧自己

黄大年经常工作到凌晨两三点，除了加班，他平均每年还要出差130多天，而且乘坐的大都是午夜航班，只为节省时间多工作。

2015年，黄大年爱人生病入院。半夜飞回长春，他先回家给老伴煮了面条送过来，然后就拿起笔记本电脑蜷缩在陪护椅上开始工作。

"黄老师出差时，经常中午把电话调成免提，在办公室为学生远程讲课。他常说，我有一身本领，想尽快教给学生。"黄大年的秘书王郁涵回忆。

"坐火车坐飞机，不是改PPT就是看资料，什么事都要做到极致。入住酒店后第一件事从来都是工作。每次劝他注意休息，他只是笑笑。"学生周飞回忆。

2016年12月14日，是黄大年胆管癌手术的日期。"12日晚上8点多，黄老师让我去办公室汇报一个项目。那天，他不是像每次那样埋首书桌前忙碌，而是静静地看着外面。谈了两个多小时，他仔细告诉我以后应该怎么做。"学生王泰涵回忆，"第二天术前检查，他又让我陪他，因为昨天的任务没有说完。""手术前一天，老师手肿得厉害，但他仍和平常一样，掏出笔记本，又详细交代了昨天的规划。"王泰涵哭着说。

"人生的战场无所不在。"手术前夜黄大年发朋友圈感慨。2016年的平安夜，病体难支的黄大年是在病房度过的。2017年1月4日，黄大年陷入深度昏迷，直至8日离世。

7年间，黄大年把所有的心血和爱献给了祖国、献给了事业、献给了他的学生，却唯独没有自己。"为了祖国的事业，黄大年就像个充分燃烧的能量球。"国家"千人计划"专家王献昌说。

（作者为人民日报记者）

《人民日报》（2017年05月18日　10版）

别后思念长　不了家国情

——追记海归战略科学家黄大年（下）

孟海鹰

黄大年的办公室很简朴，桌上摆放两台电脑，五组书架一字排开，里面有各种中英文专业书籍。书架最右侧下面塞着一床撒花棉被，应该在许多加班的不眠之夜陪伴温暖过主人；窗前地上放着一对大哑铃，无声地提示人们黄大年热爱锻炼希望保持健康的愿望；墙上的记事板钉着几十张名片，日历平铺在墙，记满了报告、讨论、验收和出差目的地……

心静如止水，专注干事业

"来吉大第一天，辅导员在车站扛过他的行李，一路嘘寒问暖送到宿舍。大年常动情地提及这件往事，'吉大于我有恩'。"吉林大学地球探测科学与技术学院党委书记黄忠民说，这些年，他感恩、奉献，却从未提过任何要求。

身为中科院院士评审专家的黄大年自己并不是院士，大家都劝他申报院士。"我没有时间，评院士要花很多时间整理东西，还是把手头的事情先做好。"

让学生马国庆印象最深的是，有个项目结题的前一天，老师发现本子印刷上有个小纰漏，于是带大家工作到凌晨两点多改好。自己又接着认真地对PPT进行审改。"老师虽然离开了，但他身上的这种科研精神，让我们不敢有一丝懈怠。"

"你嫂子回英国了，你把我的车开走吧，这样你生活会方便些。"2016年5月，郭旭光博士回国探亲，拜访仅见过三次面的黄大年，黄大年的一席话让他感喟"像兄弟一样"。

"他团结、凝聚世界上各类热爱科学的人。"吉林大学欧美同学会秘书长任波说，"手术前一天，大年还嘱托我们以他的名义给尚在海外负笈求学的留学人员发送电子新年贺卡，鼓励他们回来报效祖国。"

高大上的学者，接地气的生活

喜欢吃地质宫门口3元一棒的烤玉米，午饭常常是面包和咖啡，简单省时；每次出差回来，背着双肩包走进实验室、工作室，跟大家交流近况；逻辑思维能力强、语速快，说话不重复，一口标准的普通话……科研成果高大上的黄大年，生活却非常接地气。

"特别会生活，我女儿吃了他做的咖喱饭，从此爱上咖喱。他有个朋友曾发表过一篇文章《老黄家的菜刀》，写的就是他的厨艺。"黄大年的助手于平教授说。

喜欢穿休闲装、牛仔裤，很新潮；博学且多才多艺，是摄影高手、羽毛球健将；麦霸型美声歌手，最爱唱《我爱你中国》《故乡的云》……这是人们眼中的黄大年。

"一次夏日午饭后，大家到楼下广场散步，有位女同学穿着高跟鞋，走着很费劲。黄老师说：天这么好，孩子们，咱们光脚走，怎么样，还能做足底按摩啦。那天，所有人都开心地光着脚板走了一个中午。"学生乔中坤回忆。

"每次出国，他都会带两个大空箱子，给大家带各种小礼物。"任波说，看似粗犷的男人，是那么细腻。

黄大年恨不得把一天时间榨成一年过，对待学生却很慷慨。学生有问题，他总是不厌其烦，举一反三，悉心做答。14日手术，博士生周文月在12日晚上12点多，还收到老师微信：去剑桥的推荐信给你写好了。

"以前感觉家国天下很遥远。老师的言传身教，让我感觉为祖国做些事情，是我们的责任。"周文月说，"老师经常教育我们，要做出得去、回得来的人才，将来我会像黄老师一样回来报效祖国。"

细心贴心，亦师亦友

黄大年非常看重"老师"这个称号，在学业上指引、在生活上关心每一个学生。"老师有个文件夹，记录着对每个学生的规划。他给学生认真改论文，却从不让挂名。"学生卢鹏羽说，黄老师是可以掏心窝子聊天的人。

2010年，无偿担任本科生"李四光试验班"的班主任后，黄大年给班上的24名同学每人买了一台笔记本电脑。

夏天闷热，黄大年让学中医的爱人煮绿豆汤、山楂水、菊花茶给学生喝；学生母亲罹患疾病，他毫不犹豫地提供经济援助；他还资助过多名出国留学的学生……

"感性细心贴心，亦师亦友亦兄弟。"乔中坤说，学生对他的感情都很深，他病了，仿佛是父母生病，转身走出病房眼泪哗哗掉。

追悼会上，黄老师的女儿在英国刚生孩子回不来，学生们站在家属席上说"我们都是他的孩子"。来宾散去，几十名学生在老师面前，长跪不起，失声痛哭。

清明节，学生们去殡仪馆看望老师。晚上回来，在老师的办公室点上心形的一圈蜡烛，摆上酒和食品，在老师的遗像旁，学生们陪着老师唠嗑，倾诉无尽思念——别后，思念绵长。

"他是个让你见一次就忘不掉的人。"吉林大学常务副校长邴正说，"每次见黄大年，都被他忘我的工作热情所感染。他既有传统的献身精神，更有走在科学前沿的创新精神。"

5月的鲜花依旧开放，地质宫不灭的灯火已深深镌刻在人们的记忆里，它必将点亮更多信仰之光，照耀更多海归人才踏上报国之路。

（作者为人民日报记者）

《人民日报》（2017年05月19日　09版）

凝聚爱国情 共筑中国梦

——黄大年事迹在广大师生和网民中引发反响

孟海鹰

在祖国最需要的时候，他义无反顾、选择回国；为了国家重要领域尖端技术的发展，他不计名利、殚精竭虑；为了科学事业后继有人，他言传身教、为人师表……本报近日报道了吉林大学地球探测科学与技术学院教授黄大年爱国奉献的感人故事，引起广大师生和网民的共鸣，大家表示，黄教授是当代中国知识分子的楷模，要以他为榜样，为了国家的繁荣昌盛，贡献才智，澎湃青春。

"从2010年相识起，我和大年学长就经常沟通。每一次接触，我都能真切地感受到他对祖国和科学事业的深深热爱。"清华大学副校长、中科院院士施一公说。

中国国土资源航空物探遥感中心原主任王平，是黄大年学生时期的辅导员。"我去英国见过他，他的生活和工作条件非常优越，但他总有一种家国情结，对祖国的发展特别关心。"王平说，"他回国绝不是心血来潮、一时冲动，而是有着长期的思想准备和思想基础的。"

中国地质大学（武汉）地球物理与空间信息学院院长胡祥云说："黄老师不仅有敏锐细微的洞察力，而且在拓展科学研究方向上有独到见解，在教育事业和教师培养发展上也深谋远虑，布局长远。"

中科院长春光机所党委副书记金宏表示，黄大年为广大科技工作者做了优秀榜样，他踏实工作、刻苦钻研，以最优秀的科技成果回报着祖国和人民，履行了科技工作者的神圣使命。

黄大年的爱国情怀和科学事业后继有人。第十三批国家"千人计划"创业人才项目入选者、长春博立电子科技有限公司董事长张立华说，是黄老师带领我参加了一些重要的技术交流活动，让我更加明确了未来的技术发展方向。

"作为青年教师，我们一定要不忘初心，牢记使命，为祖国的科技和教育事业奋斗终身。黄大年老师离开了我们，但他对未竟事业的无限留恋，对祖国的无限热爱，将永远激励我们前行。"长春理工大学青年教师闫飞说。

对于黄大年的感人事迹和不幸去世，广大网民也表达敬意，寄托哀思。网民"江南小只"说，生命之花为祖国绽放，满腔热血为祖国澎湃。

"无疆行者1957"的留言，代表了许多网民的心声："（黄教授）在剑桥有别墅花园，老婆在伦敦有两个诊所。人家回来干什么？绝不是为了钱、为了名，就是爱国！这是真正的赤子之心。"

（作者为人民日报记者）

《人民日报》（2017年05月20日　04版）

在家国情怀中启蒙

张　建

1958年，黄大年出生于广西南宁的一个知识分子家庭。在父母的引导下，黄大年从小就对科学知识有着强烈的渴望。

"三钱"事迹、知识分子家国情怀等都是父母经常向他谈到的话题。他看的连环画、玩的游戏也都与科学知识相关。

良好的家庭教育和严格的科学训练，让黄大年掌握了很好的学习能力。黄大年曾回忆说，他小时候和父亲下象棋，父亲会训练他记棋局；读书过半时，父亲会合上书，让他复述刚看的内容……

突如其来的"文革"彻底改变了黄大年的生活轨迹。小学三年级的时候，他随父母下放到桂东南的偏僻山村，到离家最近的一所小学也要走很远的山路，而且有野兽出没。

最危险的一次，黄大年和几位同学在上学途中受到野兽惊吓滑下山坡，一位同学摔断了手臂，他也被划伤，自此辍学近一年。

初中时，黄大年被送到广西罗城县的乡村"五七"中学寄读，这是"准军事化"管理的学校，半年才能见一次父母。

当时，学校里有很多很优秀的老师，多数是"下放"到此的大知识分子。这让黄大年看到了现实生活中知识分子的一面：认真、不苟言笑、忍辱负重。

黄大年生前回忆说，他们也让我懂得了，知识分子无论放在哪里都会发光。他们在求索知识的道路上坚毅、刻苦、顽强和清贫的品格深深地影响着我。

（新华社长春7月13日电，作者为新华社记者）

《人民日报》（2017年07月14日　04版）

亲笔写下振兴中华的誓言

张　建

　　1978年春节刚过，黄大年拿到了大学录取通知书，全家人为之激动落泪，像做梦一样。

　　1978年2月下旬，从广西贵县七里桥村出发，经过四天三夜的长途跋涉，黄大年来到了正值冰天雪地的吉林长春。

　　在长春火车站，一位个头不高的老师负责接站，他一边关切地问黄大年是不是脚都肿了，一边帮黄大年扛起行李，并送到学生宿舍。

　　"一路上，我的心情都非常激动，更被老师的热情感染着。"黄大年曾回忆说。

　　这位老师就是黄大年的辅导员王平老师，王老师后来成为国土资源部航遥中心主任。30多年，他们一直保持着密切联系。

　　黄大年就这样开启了求学之路，并从此与地球物理结下了一生的缘分。

　　生长在南方的黄大年，上学携带的衣物完全无法抵御东北的严寒。被子单薄，没有棉裤，有老师亲手为他缝制棉裤。广西教学基础薄弱，有老师利用课余时间帮他补课……

　　作为下放知识分子的后代，在大学期间，黄大年感受到温暖，感受到被尊重的快乐，心中充满了阳光，也充满了科技报国的梦想。

师生的情谊，让他忘却了生活上的艰苦，很快融入新的大家庭中。

黄大年的同学、吉林大学仪器科学与电气工程学院院长林君回忆说："我们曾许下心愿，共同努力研制属于我国的地球物理探测仪器。"这期间黄大年曾放弃赴美留学机会，专心留校搞科研。

他的同学毛翔南至今仍珍存着1982年黄大年写在他本上的赠言："振兴中华，乃我辈之责。"

（新华社长春7月15日电，作者为新华社记者）
《人民日报》（2017年07月16日　04版）

"要像黄大年同志那样刻苦学习钻研,牢记使命、勇担重任,用知识和本领回报祖国、服务人民"

大力培养和造就黄大年式优秀教师

陈宝生

黄大年把个人梦想融入到实现中华民族伟大复兴中国梦的壮阔篇章之中,用毕生努力实现了爱国之情、强国之志、报国之行的统一。认真学习、深刻领会、全面贯彻习近平总书记对黄大年先进事迹重要指示,精心部署、扎实推进向黄大年学习的活动,是当前教育系统一项重要的政治任务。要充分发挥典型示范作用,大力培养和造就黄大年式优秀教师,建设一支党和人民满意的高素质专业化创新型教师队伍,为国家繁荣、民族振兴、教育发展奠定坚实基础。

宣传教书育人典型。作为一名共产党员,黄大年信念坚定、一心向党、忠于人民;作为一名海外留学人才,黄大年以身许国、痴心爱国、无怨无悔;作为一位教育工作者,黄大年教书育人、立德树人、无私奉献。在我们身边,还有不少像黄大年这样的优秀典型。在贯彻习近平总书记重要指示、开展向黄大年学习活动中,要分层次、有系统地挖掘和宣传一批教书育人的先进模范,在教育战线形成学先进、赶先进、当先进的浓厚氛围,向全社会充分展示新时期广大教师和教育工作者的良好精神风貌,唱响教育改革发展的主旋律。

培育黄大年式团队。黄大年具有很高的学术造诣和创新性学术思想。作为带头人,他凝聚和引领400多名高校和科研院所的优秀科技人员，不懈追赶国际前沿科技，突破国外严格禁运和技术封锁，填补多项国内技术空白。他率领的团队以服务国家重大战略和经济社会发展需求为目标，不仅取得一系列重大成果，而且培养出一大批青年英才。在贯彻习近平总书记重要指示、开展向黄大年学习活动中，要培育一批"全国高校黄大年式优秀教师团队"，坚持精神鼓励、典型宣传与发展支持相结合，进一步激发人才创新创造活力，更好地支撑创新驱动发展战略、服务经济社会发展。

全面加强教师工作。黄大年取得的非凡成就，离不开个人的辛勤努力，更是各级组织关心培养的结果。教师是培养人才的人才，是教育事业的第一资源。在贯彻习近平总书记重要指示、开展向黄大年学习活动中，要从战略高度认识教师工作的极端重要性，把坚持党的领导、加强党的建设贯穿教师队伍建设各环节，尊重教育规律和教师成长发展规律，以品学兼优、素质能力提升为核心，以体制机制改革为动力，以提高地位待遇为支撑，不断推进教师队伍治理体系和治理能力现代化，形成优秀人才争相从教、教师人人尽展其才、"四有"好老师不断涌现的良好局面。

（作者为教育部党组书记、部长）

《人民日报》（2017年07月18日　17版）

凝聚更多黄大年式的新侨

万立骏

著名地球物理学家黄大年同志英年早逝，令人备感哀痛。黄大年同志秉持科技报国理想，把为祖国富强、民族振兴、人民幸福贡献力量作为毕生追求，为我国教育科研事业作出了突出贡献，他的先进事迹感人肺腑。同为归侨科技工作者，我尤为痛惜和不舍。

黄大年同志是我国新归侨的杰出代表。他1992年公派英国，2009年受母校吉林大学召唤，毅然放弃国外优渥生活，成为第一批回国的"千人计划"专家。回国7年，他争分夺秒、忘我工作，带领科研团队，取得一系列重大科技成果，填补多项国内空白。他的拳拳爱国心、殷殷报国志，为所有海外归来的科技工作者树立起一座精神丰碑。

作为新侨创新的领军人物，黄大年同志生前曾被聘为中国侨联新侨创新创业联盟理事。联盟致力于发现和凝聚侨界创新人才、搭建创新创业服务平台。中国侨联设立的选树侨界高新技术人才的最高奖项——"中国侨界贡献奖"，两年一评，共举办6届，黄大年和他的团队两次获奖。很多人还记得颁奖典礼结束后，黄大年主动邀请多领域的专家们交流科技新知，不知不觉已至深夜，他的学识、见解、睿智与诙谐，令人印象深刻、受益匪浅。

黄大年同志也是侨联组织的一员，是归侨的好伙伴和贴心人。他生前在紧张的教学科研工作之余，担任吉林大学侨联副主席，关心年轻归侨的工作、生活，鼓励他们坚持理想、坚定爱国、坚决科技报国。他的离去，使侨联组织失去了一个好干部，新归侨失去了一位好师友。

当好海外侨胞和归侨侨眷的贴心人，为党和国家事业凝聚侨心、汇集侨智、发挥侨力，是侨联的光荣使命。党的十八大以来，中国侨联高举爱国主义、社会主义旗帜，坚持"国内国外工作并重""拓展新侨和海外工作"，强化侨胞思想引领，聚焦新侨创新创业，传播中华文化，助力脱贫攻坚，积极服务国家和地方经济社会发展。黄大年同志正是各级侨联组织拓展新侨工作、促进新侨创新创业的生动写照。

黄大年同志用他奋斗的一生、闪光的一生照亮了我们前进的路。中国侨联将深入学习领会习近平总书记的重要指示要求，认真组织好向黄大年同志学习活动，更有针对性地做好归侨侨眷和海外侨胞工作，更多地发现、培养和凝聚黄大年式的新侨。我们将通过特聘专家委员会、新侨创新创业联盟、新侨创新创业基地、创新创业成果展、评选侨界贡献奖等工作，搭建学习交流、事业合作、服务国家和地方建设的组织平台和工作平台，助力归侨侨眷和海外侨胞一展抱负、丹心报国。我们将继续关心关注归侨侨眷，协助他们解决工作、生活中的问题，做他们归国兴业、报效人民的贴心人。

黄大年同志走了，生命既逝，但价值与精神、理想与信念永存。我们将按照习近平总书记的要求，以黄大年同志为榜样，以心有大我、至诚报国的爱国情怀，教育育人、敢为人先的敬业精神，淡泊名利、甘于奉献的高尚情操为标尺，把爱国之情、报国之志融入祖国改革发展的伟大事业之中、融入人民创造历史的伟大奋斗之中，从自己做起，从本职岗位做起，为实现"两个一百年"奋斗目标、实现中华民族伟大复兴的中国梦贡献智慧和力量。

（作者为中国侨联党组书记、主席）

《人民日报》（2017年07月27日 20版）

培育优良校风和学风

杨振斌

日前,习近平总书记对黄大年先进事迹作出重要指示,这既是对黄大年事迹的充分肯定,也是对当代留学归国人员、广大知识分子的殷切希望。

黄大年作为东北地区第一位"千人计划"特聘专家,他率领由多个高校和科研院所人员组成的400余人的科研团队,在航空重力高精度探测关键技术装备项目、深部探测关键仪器装备项目等多个国家级重要研究方面取得卓越成绩,填补了我国"巡天探地潜海"的多项技术空白。

作为一名优秀的人民教师,黄大年夜以继日、忘我工作,不计得失、甘为人梯,他曾说,自己最看重的身份是教师,他主动担任本科生班主任,指导规划学生职业方向,急切地想把自己的一身本领教给学生。他经常鼓励学生"一定要出去,出去了一定要回来;一定要出息,出息了一定要报国",质朴的语言彰显了新时期知识分子的使命与担当和对人才辈出的迫切渴望。

黄大年说:"国家在召唤,我应该回去!"我们要学习他强烈的爱国主义情怀,他用五十八载的短暂人生,书写了什么是奉献,回答了什么叫担当,以高超的学术、高尚的品德,筑就了一段感人至深的生命历程,留下了一座高山仰止的精神富矿。

吉林大学是党和国家亲手创办的综合性大学，有着厚重的红色基因与优秀的校风和学风，黄大年又为吉林大学优秀校风和学风添上浓墨重彩的一页，我们广大师生不仅要学习宣传黄大年先进事迹，更要积极凝练践行黄大年精神，认真学习贯彻落实总书记重要指示，把黄大年心有大我、至诚报国的爱国情怀，教书育人、敢为人先的敬业精神，淡泊名利、甘于奉献的高尚情操融入吉林大学优秀的学风、教风和校风，学校要动员全体师生，用黄大年精神践行社会主义核心价值观，把学习成效体现在教学科研管理服务的具体实践中，把黄大年精神作为办学精神支柱和灵魂，凝练成为一代又一代吉大人立足本职、努力拼搏的不竭动力，成为吉林大学砥砺前行的精神动力。

（作者为吉林大学党委书记）

《人民日报》（2017年07月18日　17版）

地质宫的灯光

邴 正

地质宫

黄大年教授走了,许多记者来吉林大学采访他的足迹。一位记者找到地质宫值宿的老大爷。这位老大爷告诉他,"大年工作室的灯光,总是在天色微明时,最后一个熄灭。如今,再也不见那午夜的灯光了"。

在长春,地质宫是城市的中心标志,这座建筑面积3万平方米的大气端庄的宫殿式建筑,几乎无人不知。1951年,李四光在这里亲手创办了东北地质专科学校,即长春地质学院的前身。

1978年春天,大年从南国漓江之滨来到长春地质学院(今吉林大学地学部)求学。校园里传唱着一首《地质队员之歌》:

是那山谷的风,
吹动了我们的红旗;
是那狂暴的雨,
洗刷了我们的帐篷。
我们有火焰般的热情,
战胜了一切疲劳和寒冷。
背起了我们的行装,

攀上那层层的山峰；

我们满怀希望，

为祖国寻找出富饶的宝藏。

歌声感动了大年，后来，他经常和学生们一同高唱这首歌。1988年，他在入党申请书中饱含深情地写了这样一段话："人的生命相对历史的长河不过是短暂的一现，随波逐流只能是枉自一生，若能做一朵小小的浪花，奔腾呼啸加入献身者的滚滚洪流中，推动历史向前发展，我觉得这才是一生中最值得骄傲和自豪的事情。"

大年的工作室就在地质宫的顶层。每当他工作疲劳，就来到顶层观礼台上，沿着长春市的中轴线俯瞰南望，宽阔的文化广场，耸立的太阳鸟雕塑和高大的长春解放纪念碑，郁郁葱葱的南湖公园，以及微波荡漾的南湖碧水，尽收眼底。当然，他也隐约地看到吉林大学白求恩医学部基础楼前白求恩大夫的戎装塑像。

白求恩是加拿大医生，抗日战争爆发后，他来到敌后根据地晋察冀军区，帮助中国人民的抗日战争，亲临火线，救治伤员。1938年，他来到晋察冀军区不久，便向军区司令员聂荣臻将军建议创办晋察冀军区卫生学校，培养合格医务人才。晋察冀军区卫生学校在烽火硝烟中诞生，白求恩出任学校的首位授课教师。这所学校，就是白求恩医科大学（今吉林大学医学部）的前身。后来，白求恩不幸殉职。毛泽东同志发表了著名的《纪念白求恩》。

从1978年入校学习到此时此刻，黄大年不止一次在白求恩塑像前伫立，走过。

黄大年

2009年，黄大年自英国归来，出任吉林大学国家"千人计划"特聘教授。

他回国后不久，我参加吉林省委组织部组织的省高级专家评审工作，与大年相识。他担任评审组的理工科评审小组组长，我担任文科小组组长，在会议期间多有接触。一日晚饭后，我们在庭院里散步，作为恢复高考后首批入学的1977级同学，我们共同回忆各自学校77级在艰苦条件下刻苦学习的那些往事。当我问及他为什么放弃英国优裕的生活和成功的事业，毅然返回祖国时，他沉吟了半晌，望着无边绚丽的晚霞，只说了短短的一句话："也许是出于一种未尽的情怀吧！"

我很想了解他的研究方向。他很形象地打了个比方："给地球做CT。"他告诉我，九一八事变以后，日本人在大庆一带试钻过，差了几百米深，没打出石油，其实石油就在下面。目前，全世界只有美国和俄罗斯掌握万米以下深钻技术。而实现深地深海钻探的前提，是实现高空深地深海的探测技术。这正是他正在做的研究。

今年1月8日，大年走了。当我受命代表学校起草他的生平及悼词时，我泪流满面，为大年写了这样一段挽联式评语：

"天妒英才，悲卓杰早逝，十万师生齐挥泪；地蒙素缟，感家国情深，四海亲朋共举哀。五十八载春秋，飞天探地潜海，学坛传盛誉；百千万里征途，爱国育才创新，热血人生铸辉煌！"

近日，习近平总书记对黄大年同志的先进事迹作出重要指示："我们要以黄大年同志为榜样，学习他心有大我、至诚报国的爱国情怀，学习他教书育人、敢为人先的敬业精神，学习他淡泊名利、甘于奉献的高尚情操，把爱国之情、报国之志融入祖国改革发展的伟大事业之中、融入人民创造历史的伟大奋斗之中，从自己做起，从本职岗位做起，为实现'两个一百年'奋斗目标、实现中华民族伟大复兴的中国梦贡献智慧和力量。"

红色传承

78年前，白求恩殉职；46年前，李四光逝世；现在，黄大年走了。岁月流逝，世事沧桑。登上地质宫顶楼观礼台，文化广场显得更加空旷。吉林大学白求恩医学部基础楼前，白求恩塑像依然肃立。作为吉林大学的一员，我突然感到一种深深的怀念，一种由衷的自豪与骄傲！在吉大人的血脉里，有白求恩的精神、李四光的精神、匡亚明的精神、唐敖庆的精神，许许多多吉林大学著名的教育家、科学家的热血在我们的胸中涌动！今天，又有黄大年的精神加入了吉大人的血脉，会一代一代承传下去，澎湃汹涌！

作为哲学系1977级的一员，我从1978年春天进入吉大校园开始，近40年来，一直思索一个问题，什么是吉大精神？今天终于悟到，从白求恩精神到黄大年精神，就是一脉相承的吉大精神！

从白求恩精神到黄大年精神，是共产党人爱国主义和理想主义传统的集中体现。吉林大学是我党在战争年代亲手创办的高等学府。在她的血脉中，吉林大学创建于1946年，前身是隶属于东北人民政府的东北行政学院；白求恩医科大学创建于1939年，前身是隶属于晋察冀军区的晋察冀军区卫生学校；长春邮电学院创建于1947年，前身是隶属于东北人民政府的东北邮电学校；中国人民解放军军需大学创建于1949年，前身是中国人民解放军的几所兽医学校；吉林工业大学和长春地质学院创建于新中国成立的初期。2000年和2004年，上述6所学校六脉汇一，组建成新的吉林大学。这是一所有着浓重的红色基因、红色传承的大学！

长春人有句玩笑话："美丽的长春市坐落在吉林大学校园里。"正是在这所广阔而又温暖的校园里，承传着白求恩毫不利己、专门利人的精神，黄大年心有大我、至诚报国的爱国情怀，教书育人、敢为人先的敬业精神，淡泊名利、甘于奉献的高尚情操。校训中表述的求实创新、励志图强的精神，以及校歌中吟唱的人比山高、脚比路长的精神。这些精神，汇成了爱国主义和理想主义的伟大精神！

前有白求恩，后有黄大年，这是吉林大学的光荣与骄傲，也是吉林大学永恒的血脉与承传。在白求恩身上，凝结着战争年代共产党人无私的国际主义精神和牺牲奉献的英雄主义精神。在黄大年身上，闪烁着新时期知识分子至诚报国的爱国主义精神和拼搏敬业的理想主义精神。这两种精神一脉相承，将永远在吉林大学校园流传，在一代又一代吉大人血脉中奔涌流淌！

于地质宫上望吉大校园，我仿佛又看到大年那壮硕的身影，那永远面带微笑而又静默讷言的面容。大年，你走了，并未走远，你还在我们的校园，你还在我们的身边。你的身躯走了，你的精神将在校园永存。地质宫那彻夜不眠的灯光虽然熄灭了，但是我们心中的灯光却会永远闪亮。大年，你，就是吉大之光！

此时此刻，我耳畔掠过这样的歌词，它的名字应该叫作《吉大之光》：

晋察冀的碧血硝烟，
熏染了我们的面庞。
白求恩那一腔热诚，
还在我们的脉搏中流淌。
不远万里，来到中国；
乐于助人，救死扶伤；
毫不利己，专门利人；
铸成了我们的光荣与梦想。
松花江的奔流激浪，
浇铸了我们的校装。
黄大年那一颗拳拳之心，
还在我们的胸膛中跳荡。

心有大我，至诚报国；
教书育人，敢为人先；
淡泊名利，敢于奉献；
凝成了我们的骄傲与辉煌。
啊，吉林大学！
你有白求恩那神奇的传说，
你有黄大年那生动的榜样。
求实创新，励志图强；
人比山高，脚比路长。
——我们愿做一朵小小的浪花，
加入献身者的洪流，
呼啸奔腾！奔腾！
奔向星辰大海，
奔向理想的远方！

（作者为吉林大学常务副校长、教授）

《人民日报》（2017年07月13日　24版）

海漂到海归　无憾亦无悔

孟海鹰

告别在英国的豪宅豪车、科研团队，劝说妻子关闭两个诊所，2009年，黄大年怀着一腔爱国热情义无反顾返回祖国，出任母校吉林大学地球探测科学与技术学院全职教授。8年时间，他只争朝夕，带领团队在航空地球物理领域取得一系列成就。今年1月8日，黄大年因病逝世，享年58岁。2月24日，吉林省追授黄大年为"吉林省特等劳动模范"。

硕果累累，不忘报国

2009年12月，黄大年已在英国剑桥ARKeX航空地球物理公司任高级研究员12年，是航空地球物理研究领域享誉世界的科学家。由他主持研发的许多成果都处于世界领先地位。奋斗多年，他的物质生活条件也已相当优渥：位于剑桥大学旁边的花园别墅有宽阔的草坪，学医的妻子还开了两家诊所。

黄大年曾说，他一直难以忘记父亲离世前最后一次与他通电话时的交代："儿子，你要记住，你是有祖国的人！"两年后，母亲离世前给他留下的依然是这句话。

回国，也是黄大年一直未曾忘记的想法。他当年在大学同学毕业纪念册上留言说："叶落可以归根，但作为高端科技人员在果实累累的时候回来更好，最有价值，带着经验、技术、想法和追求回来，实现报国梦想。"

2009 年 12 月 30 日，回国后的第六天，黄大年就与吉林大学正式签下全职教授合同，成为东北地区第一批"千人计划"专家。

拼命黄郎，填补空白

黄大年全身心扑在工作上。他的学生们背后送给他一个外号——"拼命黄郎"。

地探学院所在的地质宫大楼每晚 10 点关门。可黄大年却经常在办公室里工作到凌晨两三点才离开。有时出差回来就直接赶回办公室准备第二天的工作。楼下传达室的大爷深夜总被叫醒，开始时还跟学生抱怨，让学生们劝劝老师早点下班。可后来，传达室的大爷也对黄老师产生了深深敬意，请学生转告：黄老师，您无论多晚进出，喊一声就行。

回国后，作为首席科学家，黄大年承担了多项国家级研究项目。才短短 5 年时间，黄大年团队就取得了一系列重大成果，填补了多项国内空白：固定翼无人机航磁探测系统工程样机研制成功，填补了国内无人机大面积探测技术空白；无缆自定位地震勘探系统工程样机研制突破关键技术，为开展大面积地震勘探提供了技术支持和坚实基础；成功研制出万米大陆科学钻探工程样机"地壳一号"，为实施我国超深井大陆科学钻探工程提供了强有力技术支持……这些成果，为实施国家地球探测计划奠定了技术经验和人才储备，全面提高了我国在地球深部探测重型装备方面的自主研发能力。

淡泊名利，唯有实干

身为中科院院士评审专家的黄大年自己并不是院士。同事和领导们说，以他的能力和贡献早就可以申报院士了，劝他抓紧申报。他却说：时间有限，先把事情做好。

黄大年没有架子，只有实干。他曾说，自己最看重的身份是教师。2010年，吉林大学鼓励博士生导师、资深教授、长江学者等名师无偿担任本科生班主任。"当我问大年老师愿不愿意担任'李四光试验班'的班主任时，他说'我非常愿意'。"吉林大学地探学院党委书记黄忠民说，黄大年当上班主任后，给班上的24名同学每人买了一台笔记本电脑。

2016年6月底，黄大年吃着救心丸走进评审验收现场，完成了一个超亿元级别的国家大型项目的评审验收工作。去年11月28日，在北京飞成都的飞机上，黄大年因腹部痉挛昏迷，到成都简单治疗后，又出现在29日的会场。2016年12月14日手术后，他的身体情况时好时坏，可还不忘安慰前来探望的同事们。

如今，黄大年永远地离开了，但很多人觉得，他似乎没有离开。翻看黄大年的微信朋友圈，鲜活的文字依然动人："竭尽全力、鞠躬尽瘁、不计得失。从海漂到海归，得益于国家强大的后盾。只要大家努力和坚持，一定能实现强国梦……青春无悔、中年无怨、到老无憾。"

（作者为人民日报记者）
《人民日报》（2017年02月26日　04版）

用知识改变命运

张 建

高中时，黄大年随下放的父母转移到了广西贵县（今贵港市），并以优异成绩考进贵港中学，又开始了寄读生活。

高中毕业后，17岁的黄大年到地质队参加工作。由于身体条件好，反应机敏，学习成绩优秀，他被挑选为物探操作员，首次接触航空地球物理。那时候的工作充满风险，为采集到关键数据需要进行有人驾驶飞机操作，他的一些同事还牺牲了生命。黄大年额头上的疤痕就是那时留下的。

这些牺牲和疤痕，让黄大年记忆深刻，这也是黄大年后来回国后全力研制无人机的重要原因。

1977年，恢复高考的消息传遍大江南北。然而，当时信息并不发达，黄大年知道消息时，距高考仅剩3个月。

但他没有抱怨，而是选择拼命读书、复习。在他心里，知识就是力量，知识精英是民族的脊梁。

黄大年曾回忆，当时参考资料只有考试大纲，只能尽全力汲取所有能接触到的知识。此时，他从小形成的快速学习能力派上了大用处，两本300页的政治、史地复习书，临考前3天全部背完。

那段时间里，黄大年的生活里没有了昼夜的概念，忙碌、疲惫是唯一的内容。白天翻山越岭忙勘探工作和任务，晚上点灯熬油背课本知识，酷热难耐、蚊虫叮咬和饥肠辘辘，在体能和心理的极限上不懈地坚持着，因为他的心中燃烧着"上大学"的梦想。

在赶往大山深处的高考考点广西容县杨梅公社高中那一整天的山路上，他仍在学习。在30多人的外来社会人员考场中，18岁的黄大年是年龄最小的考生。起初，大家都很兴奋，但一开考很多人都傻眼了，考到最后一科的时候，考场已经剩下不到10人。

考场上有一位白发苍苍的戴着深度眼镜、很清瘦的监考老师，经常走到黄大年身边，默默地看他答的试卷。考完试之后，这位老师握着黄大年的手说，你一定是整个考场最好的考生。

被这位老先生言中，黄大年以杨梅公社高中考场第一名的成绩脱颖而出。成绩公布以后，黄大年特意去找了那位老师，老师见到黄大年之后，热泪盈眶，眼神中充满了对发现人才的真诚，黄大年也再次感受到中国知识分子培养和厚爱人才的品格。

最终，黄大年以优异成绩，考入国家重点大学——长春地质学院，就读于应用地球物理系，开始了人生中最重要、最珍贵的一段时光。

（新华社长春7月14日电，作者为新华社记者）

《人民日报》（2017年07月15日　06版）

为了让祖国由大变强

张　建

作为国际知名的战略科学家，黄大年知道，真正的核心技术是买不来的。中国虽然拿到了新一轮世界科技竞赛的入场券，但必须牢牢抓住创新这个"弯道超越"的机遇。

在黄大年感召下，人工智能专家王献昌、汽车工程专家马芳武、智慧海洋专家崔军红等一大批在海外享有较高知名度的专家纷纷回国效力。

从踏上祖国土地的那一刻起，黄大年作为首席科学家，组织全国 400 多位来自高校和科研院所的优秀科技人员，开展"高精度航空重力测量技术"和"深部探测关键仪器装备研制与实验"两个重大项目攻关研究，总投入 5 亿多元。

通俗地说，前者就像在飞机、舰船、卫星等移动平台安装上"千里眼"，能看穿地下深埋的矿藏和潜伏的目标；后者就是自主研发给地球做 CT 和核磁的仪器装备，让地下两千米甚至更深都变得"透明"。

黄大年的战略设想涉及卫星通信、汽车设计、大数据交流、机器人研发等前沿学科领域，在传统学科基础上衍生出新的学科方向，这样的成果一旦实现能带动上千亿元的产业项目。他组建的团队在交叉中寻求突破，在融合中释放新的学科生机。

7年时间里，他带领科研团队突破国外高精度探测装备技术封锁，推动中国真正进入"深地时代"。

黄大年的科研助手于平说，这是多么高瞻远瞩的战略布局啊！"难怪有人说，当很多人还在2.0时代徘徊的时候，黄老师已站在了4.0时代。"

与此同时，黄大年一直把邓稼先等老一辈留学报国的科学家作为自己学习的榜样。他说，他只是千千万万海归学者中的普通一员。他说，有好多兄弟为了祖国的事业已经倒下了，但这并不能阻挡后来者前进的决心，看着中国由大国向强国迈进，一切付出都是值得的。

（新华社长春7月17日电，作者为新华社记者）

《人民日报》（2017年07月18日　04版）

让青春在奋斗中闪光

张云泰

学习黄大年老师的先进事迹，我的心灵被重重地撞击着。我深深体会到了一位科学家"心有大我、至诚报国"的高尚情怀，也深刻地领悟到了一个青年学子应有的责任与担当——用青春奋斗，努力成为中华民族伟大复兴的脊梁！

用青春去奋斗，必须涵养家国情怀、树立远大理想。2009 年，黄大年作为享誉世界的地球物理学家，只为了那一句"我是有祖国的人"，毅然放弃国外优越条件回到祖国，回到了母校。黄老师对祖国科学事业作出的巨大贡献，正是源自对祖国和人民的深深挚爱。我们青年一代学子以黄大年为楷模，就应该把人生目标与国家和人民的命运紧紧连在一起，把实现中华民族伟大复兴的中国梦作为奋斗目标，坚定不移，奋斗不已。

用青春去奋斗，必须立足当下、稳扎稳打。黄大年年少时因对航空物理学浓厚的兴趣考入长春地质学院并在此打下了牢固的理论基础。他一生之所以能够在地球科学领域获得这样杰出的成就，无疑与其青年时期的知识积淀与拼搏奋斗紧密相关。"人生的扣子从一开始就要扣好。"我们青年学子立足当下，就要像黄大年一样，专注、执着于自己的研究领域，将学业作为事业来经营，忌讳心浮气躁，朝三暮四。

用青春去奋斗，必须敢于担当、不辱使命。"做一朵小小的浪花奔腾，呼啸加入献身者的滚滚洪流中推动历史向前发展。"这是黄大年的夙愿，也是他人生的写照。黄大年时刻把当代知识分子的责任感、紧迫感和科教兴国的使命放在心上，取得了一系列重大科技成果。我深深感到，奋斗不是一句空洞的口号，也不能空有一腔热情，必须把爱国之情、报国之志融入祖国改革发展的伟大事业之中、融入人民创造历史的伟大实践中。这是一个创新发展的时代，我们只有更加努力地学习科学文化知识，才能在今后的日子里敢担当、能担当，在担当中体现青春价值、激荡创新活力。

（作者为中南大学土木工程学院2016级硕士研究生）

《人民日报》（2017年07月18日　17版）

"要像黄大年同志那样发扬拼搏精神，勇于创新、攻坚克难，努力创造一流业绩"

将全部奉献给梦想

张 建

"做一朵小小的浪花奔腾,呼啸加入献身者的滚滚洪流中推动历史向前发展。"这是黄大年入党志愿书中的夙愿,也是他一生追梦的真实写照。

黄大年曾说:"我是活一天赚一天,哪天倒下,就地掩埋。"

在续签"千人计划"合同时,黄大年只提了一个要求:再延长两年,在吉林大学一直工作到退休。续聘后,黄大年曾表示:这意味着我的后半生将全部奉献给我"大学梦"开始的地方。

之后的黄大年更加拼搏,不知疲倦,几乎是夜以继日地工作。

黄大年核心团队成员焦健说,去年端午节临放假前一天,黄老师的学生吴国超从老家寄来了粽子。

黄老师马上喊大家一起品尝。大家煮好粽子后,几次催黄老师来一起吃,他才不舍地放下手中的工作。

黄老师吃粽子的时候,还和大家讨论新近发生的国内外新闻,从国内外大事聊到校园趣事。"说到高兴的时候,他习惯地招呼大家喝点冰镇啤酒,说是过节得有过节的气氛。"焦健回忆说。

吉林大学仪电学院副教授刘杰回忆,黄老师经常没时间吃饭,用咖啡"顶"着去开会。

2016年12月8日,从外地返回长春的黄大年住进了医院。博士生王泰涵回忆说："就在手术前几天，他还在病房里给我讲解科研项目中需要改进的地方……"

黄大年的助手于平说："黄老师在吉林大学地质宫五楼的办公室，灯光通常一直会亮到深夜。如今我们再也看不到那灯光了，因为点亮它的人累了，想休息了，而且一狠心给自己放了一个没有期限的长假……"

（作者为新华社记者）

《人民日报》（2017年07月17日　06版）

成为"自燃型"的人

钟 超

像火炬一样,地球物理学家黄大年燃烧了自己,为祖国和人民无私奉献了所有光和热。在黄大年回国7年的科研教学事业中,他敬事而信、刻苦钻研、教书育人、诲人不倦,不仅开创了中国深地资源探测研究的新境界,担当了新时期科技报国的践行者和示范者,而且还发扬了科研"传帮带"精神,带动我国相关领域研究快步追赶国际先进水平。

黄大年的精神境界,让人想起日本著名企业家稻盛和夫提出的"自燃型"的人。稻盛和夫说,物质可分三类:只要点火就会燃烧的可燃性物质;即使点火也不能燃烧的不燃性物质;靠自己就能熊熊燃烧的自燃性物质。人也一样,要想成事,必须靠自我燃烧,因为热情和激情是成事的基本品质。只有自身刻苦努力,并用热情和激情感染周围的人,才能带领团队不断开拓进取。

作为科学家的黄大年,正是这种"自燃型"的人。他把工作当成事业经营,特别是在回国后,又融入了科研报国的理想,增添了他的勃勃热情。"宝剑锋从磨砺出,梅花香自苦寒来",他刻苦钻研、勇于创新,克服禁运和技术封锁等重重困难,取得一系列重大成果,填补多项国内技术空白。查阅他生前的资料,节假日加班加点搞科研的事例不胜枚举,故此他得了"另类科学家""科研疯子""拼命黄郎"的绰号。他曾坦露心迹："中国要由大国变成强国，需要有一批'科研疯子'，这其中能有我，余愿足矣！"

作为大学教授的黄大年，更是"自燃型"人物的典型。在他工作的深地资源探测领域，我国长期落后于西方发达国家，黄大年以为国家培养紧缺人才的紧迫感和责任感践行"师道精神"。"善歌者使人继其声，善教者使人继其志。"他常说，"我有一身本领，想尽快教给学生"。他深知，从科技大国向科技强国迈进，需要几代人去完成，必须培养更多优秀人才。在实验室中，他不分节假日地加班加点，在癌症手术的前两天，他仍和平常一样，详细向学生交代学习规划。他以自己的言传身教哺育桃李，用自己的科研报国实践点燃学生们的爱国热情。

无私奉献、全情投入，无止境地追求自己内心的理想，并带动身边的人为国家和人民的利益共同奋斗，黄大年这种"自燃型"的精神品格，不正是新时期知识分子报国情怀的生动写照吗？从新中国成立初期冲破重重阻力毅然回国的钱学森、李四光、邓稼先，到新时期回国效力的应用数学家林家翘、计算机科学家姚期智、生命科学家施一公等，都是大写的知识分子，如一盏盏明灯，照亮我们国家富强、民族振兴、人民幸福的前路。

"挥一挥衣袖，不带走一片云彩"，正如他当年从英国剑桥大学回到祖国时所引的诗句那样，黄大年平静地走了。斯人虽去，精神永存，并将激励广大科研工作者继承遗志、燃烧激情、实现梦想。正如黄大年生前同事、吉林大学副校长孙友宏所说："黄大年为祖国奉献终生的炽热情怀，像一颗种子，播撒在无数人身边；他勇于探索的科研精神，像一把火炬，传递在科研工作者实现中国梦的征途上。"

（作者为光明日报记者）

《光明日报》（2017年07月14日　02版）

用生命诠释知识分子的担当

韩 寒

我们以黄大年同志为榜样，就要学习他淡泊名利、甘于奉献的高尚情操。唯有淡泊名利，我们干事业的脚步才能坚实有力。唯有甘于奉献，我们挥洒的汗水才能炽热奔腾。

在朋友眼中，他是"纯粹的知识分子"，"什么职务也不要，就想为祖国做些事"。他不仅以身作则，还教导学生"耐得住寂寞、坐得住冷板凳"。对名利的淡泊，对事业的专注，让黄大年自由驰骋于科研天地，在有限的一生中实现了无限的价值。

人生在世，看重什么、不看重什么，是一个人品德的试金石。对名利的态度，让知识分子的品格与境界立见高下。无论是诸葛亮诫子"非淡泊无以明志，非宁静无以致远"，还是陶渊明笃行"不戚戚于贫贱，不汲汲于富贵"；无论是范仲淹书写"不以物喜，不以己悲"，还是林则徐沉吟"苟利国家生死以，岂因祸福避趋之"，都表明淡泊名利是传统文人精神中极为重要的品质。黄大年不计个人得失，毅然放弃国外优厚的科研条件、丰厚的待遇、舒适的生活环境，回到母校从零开始，不求功名，醉心科研，是中国知识分子的楷模。

一个人活着需要有价值，而其价值须以为社会、为国家贡献的大小来体现。司马迁对生死有"轻于鸿毛""重于泰山"之辨，而区分"轻""重"的关键在于，一个人是否具有无私奉献、舍生取义的精神。对科研，黄大年争分夺秒，深夜在吉林大学"地质宫"里亮着的永远是他办公室的灯，汇报工作不时掏出一把速效救心丸塞进嘴里。对教学，黄大年甘为人梯，因材施教为学生进行学术生涯规划，奉献爱心资助困难学生。对国家，黄大年倾尽全力，在生命的最后关头几度昏迷还心系科研，在朋友圈里留下"走多远算多远，倒下就地掩埋"的壮语。他用生命，诠释了一位知识分子的奉献和担当。他的一生，是对沽名钓誉者的心灵锤击，是对知识分子精神的生动写照。

我们以黄大年同志为榜样，就要学习他淡泊名利、甘于奉献的高尚情操。唯有淡泊名利，我们干事业的脚步才能坚实有力。唯有甘于奉献，我们挥洒的汗水才能炽热奔腾。走近黄大年，就会从一个个平凡但有温度的故事中，被这位热血男儿的家国情怀和高风亮节所感染，自然萌生出一种见贤思齐、淡泊名利的坦荡襟怀。

"人的生命相对历史的长河不过是短暂的一现，随波逐流只能是枉自一生，若能做一朵小小的浪花奔腾，呼啸加入献身者的滚滚洪流中推动历史向前发展，我觉得这才是一生中最值得骄傲和自豪的事情。"这是黄大年当年写在入党志愿书中的誓言。唯有像黄大年一样，"做一朵小小的浪花""呼啸加入献身者的滚滚洪流"，我们才能力戒浮躁、真干实干，凝聚起推动历史发展的磅礴力量。

（作者为光明日报记者）

《光明日报》（2017年07月16日　02版）

"太较真儿"的黄大年

杨　舒　鲍盛华

　　国土资源部、科技部、教育部、中科院……很多部门里，都有和黄大年熟识的专家，很多人评价他是"纯粹、完美的知识分子"，因为他对待科研只有一句"我没有敌人，也没有朋友，只有国家利益"，用朋友高平的话说："大年对待科学不唯上不唯权不唯关系，不允许'你好我好大家好'。"

　　"深部探测技术与实验研究"项目是我国有史以来最大规模的深探项目，黄大年回国不久便出任该项目第九分项的首席专家，成为这个庞大项目的奠基人之一。

　　有了科研经费，接下来面临的问题就是如何组建科研团队。他没有把眼光仅仅盯着自己的学校，而是放眼全国，寻找最适合的科研单位。

　　第九项目经费高达数亿元，很多机构和单位想参与进来。不提前通知，他直接飞到人家院所的实验室和车间，摸清对方的资质水平。选到合适的科研单位，他直接给对方负责人打电话，开口便说："我有一个几亿元的项目，想请您单位参与进来研究。"好多单位的一把手接到电话简直不敢相信："谁会主动来给钱给项目，还以为遇到了骗子！"

　　自认为和他关系不错的专家找来，想替某研究机构"争取一些经费"，他直接拒绝。后来对方发现，"连吉林大学也没有多拿一分钱"。

为此，吉林大学地球探测科学与技术学院党委书记黄忠民曾十分不解，与他置气："学校学院年底都有考核，在项目和经费分配上，你给吉林大学做了什么，给学院又做了什么？"黄大年听罢只回答："这是为国家做事。"

有人说他太"较真儿"。设备采购，他要求各个参与组提前调查市场情况，货比三家，并上交调查报告；PPT演示和演讲材料，他追求"无懈可击"，就算凌晨一点发现汇报材料上的一个错别字，他也必须带着团队重新修改打印校对，直忙到天亮也不歇气。

更让一些人叫苦的是，黄大年提出借鉴欧美大公司的管理经验，搞层层落实责任制，从国外引入一套在线管理系统，把技术任务分解到每月、每周甚至每天。每天深夜，软件一查，谁偷懒谁能干，清清楚楚。

不少人质疑："科学家怎么能像机器人一样严格按进度走？"但对黄大年来说，快些再快些才能追赶上欧美前沿的步伐。

他曾向中国地质科学院原副院长董树文坦言："我有时很急躁，我无法忍受有人对研究进度随意拖拉，我担心这样搞下去，中国会赶不上！"

2010年春天的一个早上，又到了项目提交材料，同时召开视频例会的时间。

"小王，怎么人还没到齐？"黄大年已架好了电脑，随时准备开会。

"黄老师，我一直在催！"秘书小王看了看表，9点50分了，离开会还有10分钟，人没到全，材料也没交齐。

"人浮于事！"大手一挥，黄大年突然把手机砸向地面，手机屏幕立刻碎裂成了几块。在场的人都惊呆了，从没见过黄老师发这么大的火。

"我们拿了这么多科研经费,怎么能糊弄呢?汇报材料不好好做,开会不按时到?我们得遵守契约精神啊!"黄大年拍着桌子吼道。

如今,这部屏幕破碎的手机仍静静地躺在黄大年办公桌的抽屉里。

(作者为光明日报记者)

《光明日报》(2017年07月16日　03版)

黄大年：用生命铸就探地利器

操秀英　高　博

时代先锋

习惯是种可怕的力量。

好友马芳武总是习惯性翻开他的朋友圈，但再也看不到那些或激情澎湃，或充满诗意的文字；

助手于平遇到什么难题，总是习惯性想去找黄老师，但那个"戴着鸭舌帽的胖老头"再不会背着双肩包风尘仆仆出现在他们面前；

学生们晚上离开实验室时，总是习惯性看一眼黄老师办公室，然而再也看不到深夜里地质宫507室的灯光……

黄老师走了。2017年1月8日，年仅58岁的"千人计划"专家、吉林大学教授黄大年病逝。

在他去世近半年后，同事和学生们依然"不太会主动谈及黄老师，太痛苦"。

几年前在一个深部探测相关项目研讨会上见过的一面早已模糊，如今，记者走进地质宫，从他的领导、同事、朋友、学生们的讲述中，"黄大年"逐渐清晰起来——将国家利益放在第一位的中国人、不可多得的战略科学家、视科研如生命的科研人员、把学生当成孩子的老师。

梦想：让中国地球物理勘探仪器达到世界先进水平

如果黄大年能看到近日那条"我国'深地'探测有了国产核心装备"的新闻，他一定会发一条欢欣鼓舞的朋友圈吧。从他 17 岁做一名地质队员到成为航空地球物理研究领域享誉世界的科学家，这就是他心心念念牵挂的事业。

参与"深部探测技术与实验研究专项"是他回国后的第一项重要任务——担任专项第 9 项目"深部探测关键仪器装备研制与实验项目"的负责人。

搞清楚地球深部的秘密，是人类一直以来不断探索研究的重大课题，这不仅是科研人员的梦想，也是国家的战略需求，地球深部探测计划就是找到开启"地球之门"的钥匙。2009 年 4 月 22 日第四十个"世界地球日"当天，我国正式启动"深部探测技术与实验研究专项"。

向地球深部进军，迫切需要高精度探测仪器装备。此前，我国地球物理的仪器主要依赖进口，但国外高精度的仪器对我国是封锁的。

"如果说我们是'小米加步枪'的部队，人家就是有导弹的部队。"黄大年生前接受采访时曾这样说道。他深知，这是国家发展无法回避与绕开的话题，必须突破发达国家的装备与技术封锁。

2009 年年底，阔别祖国 17 年之久的黄大年，放弃英国国籍，说服妻子卖掉经营多年的两家诊所，"逃离"了英国，"必须立刻走，我怕再多待一天都有可能改变主意"。

是的，如今我们可以用"毅然回国"这个很常见的词来形容他当时的决定，谁又能理解他的难以割舍——担任剑桥 ARKeX 地球物理公司研发部主任、博士生导师，带领着一支包括外国院士在内的 300 人团队，从事海洋和航空快速移动平台高精度地球重力和磁力场探测技术工作；精英阶层的高配生活……如果说这些尚能果断割舍的话，那么英国同事们含泪的拥抱、妻子卖掉诊所后的痛哭、独在异乡的女儿，着实是他离开的最大牵绊。

但没有什么比祖国的召唤更激动人心。他回来了。

当年吉林大学的优秀青年教师黄大年已经成为一个顶尖科学家。他带领团队用5年时间完成"深部探测关键仪器装备研制与实验项目"，"5年前我们是跟跑，到了今年（2016年），进入并跑阶段，部分达到领跑，专家评价是总体达到国际领先水平"。对于成果，黄大年一向很自信。

让他骄傲的成绩单包括：地面电磁探测系统工程样机研制取得显著成果，为产业化和参与国际竞争奠定了基础；

固定翼无人机航磁探测系统工程样机研制成功，填补了国内无人机大面积探测的技术空白；

国内首台万米大陆科学钻探钻机"地壳一号"在大庆油田投入工作，我国成为继俄罗斯和德国之后第三个拥有这项装备和技术的国家；

建成首个国家"深部探测关键仪器装备野外实验与示范基地"，为规范管理仪器装备研发和引进程序提供了验证基地……

这些成果为实施国家地球探测计划积累了人才和技术经验，全面提高了我国在地球深部探测重型装备方面的自主研发能力，加速了我国地球深部探测进程。

除了这些和当年学习、工作时同样出类拔萃的成绩，黄大年昔日的同学和领导们惊喜地发现，多年沉浸在剑桥提倡包容、鼓励发散思维的氛围，养成了他更大的格局和视野。"黄大年是一个战略科学家"，这几乎是所有相识的人给出的评价。

说他是战略科学家，是因为他放眼未来，满足国家所需。翻看黄大年的名片，上面的头衔是"吉林大学移动平台探测技术研发中心主任"。这个中心正是他回国后力推成立的。

在所有航空物探仪器中，最关键的是航空重力梯度仪，它历来是探测装备领域的制高点之一。它可以反映地下密度突变引起的重力异常中的变化，探测精度非常高，可以探测出海面下几百米深度内，一辆卡车大小的目标，并且效率也很高，不受地形限制，一天就可以完成传统方法几个月的工作量，这种装备对资源探测和国土安全意义重大。

移动平台探测技术研发中心，就是要以航空重力梯度仪为核心，建立立体的探测系统，"千人计划"专家王献昌说，黄大年关注未来几十年在航空地球物理领域要达到的目标——巡天探地潜海，向深地深海深空进军。

如今，我国自主研发的航空重力梯度仪已完成原理样机制备，"十三五"期间将搭载在飞机或船上进行测试。

说他是战略科学家，因为他能跳出一己、一团队、一校之利，站在国家战略层面考虑问题。服从于国家需要，站在国际前沿上去思考问题，把所统领的领域集成和提高到国家需求、国际领先的高度。

说他是战略科学家，是因为他能跳出专业所限，畅想交叉带来的无限可能。回国仅半年多，黄大年就统筹各方力量，绘就一幅宏大的新兴交叉学科蓝图。

在他的感召下，王献昌、马芳武、崔军红等一大批在海外享有较高知名度的"千人计划"专家纷纷加入，2016年9月，一个辐射地学部、医学部、物理学院、汽车学院、机械学院、计算机学院、国际政治系等的非行政化科研特区初步形成，黄大年担任吉林大学新兴交叉学科学部首任部长。

"大年的这个战略设想涉及卫星通信、汽车设计、大数据交流、机器人研发等领域的科研，可在传统学科基础上衍生出新的方向，有望带动上千亿元的产业项目。"现任吉林大学交叉学部副部长的"千人计划"专家马芳武说。

执念：不浪费一分一秒

2016年12月13日，手术前夜，黄大年谢绝了所有人的来访。难得独处的一晚，过去几十年像电影镜头一样闪过。到了"大战"前夕，他才真正意识到，"事业重要，生活和家庭同样重要，但健康最重要"。

差不多所有人，包括护士都说，他没有一丝紧张，一直乐呵呵地乐观面对手术。但那不过是怕大家担心的伪装。只有在最亲近的人那里，他才会袒露自己的脆弱。

他拨通大学同学和好兄弟、中国地质科学院前党委书记王小烈的电话。"他在电话里说，我这手术也不知道怎么回事。"王小烈宽慰了他一番。

"我俩每次见面都会互相说要注意身体，但他根本做不到。"王小烈几乎是怀着怨恨地语气说，"总是作息不规律，饭也不好好吃"。

王小烈何尝不理解他的身不由己："他读书的时候就要什么都做到最好，带着理想和目标回国，他要做的事情太多了。"

"大年做的事情千头万绪，牵涉多个部门和单位，我觉得这是他压力最大的地方。"王献昌说。

正因此，黄大年成了"拼命黄郎"——成为地质宫唯一不在被"清楼"之列的人，永远坐最晚一班航班，手术前一天还在谈工作……

办公室墙面上巨大的日程表更直观地说明了主人的忙碌：赴西北地区指导地方科技建设、省内部分地区调研地方产业转型、"千人计划"和教育部"长江学者"评审……

这还不是全部。"有时候太忙了我们都来不及写。"秘书王郁涵说。

日程表上的时间停止在 2016 年 11 月 29 日。上面潦草地标记着"第七届教育部科技委地学与资源学部年度工作会"。那天凌晨 2 点，北京飞成都的最晚航班刚一落地，黄大年被急救车接走。经过简单检查，他逃出医院，"因为第二天的会太重要了"。

回到长春，黄大年被强制做了体检。等结果的那两天，他又去北京出了趟差。

他要抓住一切机会谈工作和构想，像一个布道者。"每次一见面，不论原来主题是什么，他说不了两句，就会开始讲他的科研。我说大年啊，你有完没完。"比黄大年高一级的学长、吉林大学原党委副书记韩晓峰说。

黄大年有无限的好奇心，乐于跟专业以外的人探讨合作，与机械领域专家合作物探专用无人机，与计算机专家合作地球物理大数据处理与解释……

"千人计划"联谊会、欧美同学会……他不放过任何一个能结识有识之士的机会。神奇的是，凭着执着和热情，他总能打动这些人。像一个巨大的磁场，他的身边迅速聚集了一群有着同样追求和信念的人。

时间是海绵里的水，黄大年挤掉了工作以外的几乎全部。夫人张燕常在傍晚拿着切成小块的水果来办公室看望几日不得见的他。"黄老师总是说，放那儿吧，正忙呢，你先回去。"学生马国庆说，虽然师母会要求看着他吃完，但经常还是无奈地走了。

受英国文化熏陶多年的黄大年其实是个很有生活情调的人，会拉小提琴，对美食感兴趣，会提醒学生注意很多生活细节。但忙碌让他顾不上讲究。面包和烤玉米是他最常吃的食物，衣服就那么几件，"有一次我看见他的衣服手肘那破了个洞他都没发现"。王郁涵说。

他希望别人能跟上他的节奏。两个助手的手机必须 24 小时开机，每天晚上十点后都会接到黄大年的电话。"他是个性子很急的人，我们以前也经常被他骂。"王郁涵说。

2010年春天的一个早上，项目进度安排会现场。要开会了，材料还没交齐，人也没到齐。

黄大年急了。突然，他把手机砸到地上，屏幕摔了个粉碎。王郁涵吓了一跳，她没见黄老师发过火。

"我们拿了纳税人这么多钱，就这么糊弄事儿？材料不写，开会不按时。有没有契约精神！"黄大年叫道。

事后他自己承认："我无法忍受有人对科研进度随意拖拉。我担心这样下去，中国会赶不上。"

他就像一匹不知疲倦的骏马，想跑得更快，却由于各种原因拉不动身后那辆车。"他也有过退缩的时候，一度失去信心和方向。"王小烈说。

2010年7月，中组部组织"千人计划"科学家代表到北戴河度假，习近平等国家领导人先后来探望，倾听他们的困难，听取他们的建议。国家的关心和鼓励让黄大年振奋不已，他又坚定了信心。

同事们也慢慢理解了他的"急躁"。"他见过世界最先进的技术什么样，所以他非常着急。"于平说。带着一身本领和抱负回国，他希望能以最快速度追上去。这一代"海归"的爱国情怀在黄大年身上体现得淋漓尽致。

年少时父母的引导种下了最初的种子。"三钱"的事迹、人才发展对国家的意义、科学家对祖国的忠诚占满了他的记忆，连画册、游戏都与科学知识相关。随下放的父母辗转多所学校，他接触不同的知识分子，感怀于他们身处逆境的淡泊、坚毅和家国情怀。

不知不觉中，他也成为这样的人。

原则：只看谁能干 不搞你好我好

这样的人，将科学放在第一位。

一回国，黄大年就搅动了国内学界。国土资源部科技与国际合作司副司长高平说："大年不讲'关系'，不搞'你好我好大家好'。他是学界的一股清流。"

黄大年担任首席专家的项目经费达4亿多元；如何分配调度这一大笔钱，他的发言权最大。

项目启动前写规划，有大专家挂名，却没来。黄大年说："想挂名点卯，就不用来了。"开论证会，他发言不从客套开始，第一句话就讲问题。

有机构和单位想参加的。黄大年不提前通知，直接去人家实验室和车间看有没有资质。

于平说："我们给一个科研单位打电话，说有个项目要给他们干。对方第一反应：骗子吧。天底下哪有这样的好事，根本不认识，就要给他们送钱？"

有亲近专家来找他拉经费。黄大年说："在科学上，我没有对手，也没有朋友。"

吉林大学也没因为黄大年而多得好处。承担着年底科研经费考核任务的地球探测科学与技术学院党委书记黄忠民不理解："我找他来。说大年啊，你光给国家办事，也得想想多给院里争取点什么。"

但他说："有些事吉林大学做不了，就要分给有本事的单位去做。"

"国内的科研项目基本都能通过验收，但黄老师从来不糊弄。他一定要做出实在的成果来。"于平说，"黄老师常跟我们说，国家给了这么大一笔钱，这么信任我们，我们要对得起这份信任。"

黄大年要求，设备采购货比三家，要提交调研报告；他说"技术指标不能模棱两可",说不清楚他就不签字。

黄大年的一个决定引起了许多人的不安——项目管理要"公司化""绩效化"。

黄大年提出:"借鉴欧洲大公司的相关管理经验,在总目标下,赋予相关负责人具体任务,层层抓落实、责任全覆盖。"他从国外引入一套在线管理系统,把技术任务分解到每月、每周甚至每天。每晚11点,他在电脑上检查,看谁落后。

不少人埋怨:"我们是科学家,不是机器人!"但黄大年坚持这套办法。后来,某科研管理部门甚至联系吉林大学,想要这套软件,学习黄大年的办法。

他不在意名利。回国之初,为了尽快推进项目进展,吉林大学地球探测科学与技术学院院长刘财曾陪同黄大年拜访财政部。"两个小时,他都在说他在国外做的事儿,怎么把这些技术更快带到中国,没提一个'钱'字。"刘财说,这让接待他们的一位司长感慨良久。

但他在意自己的成果。由于是第九专项,所以每次汇报时他都是最后一个,通常有部分专家有事离开现场了。"他就很不高兴,觉得自己的成果没有得到重视,后来项目负责人就调整了汇报顺序。"王小烈说。

不倦:只想把一身本领快点传给学生

又是毕业季,吉林大学的校园里随处可见拍照留念的毕业生。地球探测科学与技术学院的博士研究生周帅多么希望,那个看着他成长的"胖老头儿"能出现在他的毕业照里。他多希望,"老头儿"能再给他拍张照片。

不会再有了。

"以往答辩时,黄老师会在下面'罩着',我们很有底气,可今年他却不在了。"5月26日完成毕业论文答辩后,周帅和同学三人来到黄大年办公室,把一束鲜花放在办公桌上。

"老师,我已顺利留校任教,以后一定会沿着您的道路,好好做人、做研究。"他轻声说。

这是对老师最好的告慰。

周帅此前一连发表了5篇SCI论文。"黄老师帮我逐字逐句地审改,还帮我收集国际学术资料,我想把老师的名字署上,他却再三拒绝了。他说:'这都无所谓,你们将来出息就行。但要记住,做科研绝不是写写文章就行。要耐得住寂寞,要坐得住冷板凳。'"

知道他对无人机感兴趣,黄大年就推荐他去北京参加无人机驾驶员考试培训。两个月高昂的培训费、食宿费用和考试费,黄大年都无偿资助。"当时我觉得黄老师对我真好,后来发现其实他对每个学生都好。"周帅说。

黄大年对学生是出了名的好——自掏腰包给全班学生买电脑、给学生交学费、学生母亲生病帮助筹款……这样的事儿,每个学生都能说很多。

"他觉得培养人才是第一位的事。"黄忠民说。正因如此,这位大科学家愿意担任"李四光实验班"的班主任,将他科研之外的所有时间都给学生。

每次出差前,他会布置学习任务,回来后查看教学清单,询问每个人读了哪些书、有什么启发、还有什么问题。外出开会间隙,还要视频答疑,通过邮件批复学生的学习笔记和读书报告。

在黄大年眼中,每个学生都是一张白纸,可以自由发挥,而他负责把关。于平说,他会根据个人特点和国家需要来规划每个学生的发展方向,只要学生把想法说出来,他就会尽量满足。

在准备做手术的前两天,晚上十二点多,博士生周文月收到了黄大年的短信。短信里说,她去剑桥交流的推荐信已经写好了。"一定要出去，出去一定要回来；一定要出息，出息一定要报国。"周文月说，老师的叮嘱她记在心里。

这是一种传承。正是后来成为中科院院士的滕吉文教授的一次讲座，给了当时读本科的黄大年国际视野，并让他终身受益。他要像自己的恩师一样，培养学生的国际视野和追求卓越的精神。这些年，黄大年资助过 26 名学生出国交流和参加学术会议。

即使是不认识的年轻人，他也毫无保留。经常有慕名而来的青年学者来拜访他，黄大年总是会大步走出办公室，将他们迎进来，一聊就是好几个小时。"我在外面急得很，因为有不少安排，但黄老师聊科学就停不下来。"王郁涵说。

追悼会上，20 多位学生站在亲友席送别老师。仪式结束后，所有学生跪倒在地。此情此景，让多年不曾流泪的黄忠民泪流满面。

壮志未酬，斯人已逝。黄大年的事业将会继续。

1 月 13 日，参加完遗体告别仪式后，于平便与科研团队的同事连夜赴京参加项目申报。"那时突然有种'以后要独自闯世界'的感觉，"于平说，"努力投入工作，这大概是黄老师最希望看到的纪念。"

如今，学生们泡在实验室的时间比以前更长，少了黄老师的唠叨，他们比任何时候都自觉。

（作者为科技日报记者）

《科技日报》（2017 年 07 月 13 日　01 版）

一颗充分燃烧的"能量球"

——追记著名地球物理学家黄大年

王培莲

很多人在见过黄大年后发现,"家国情怀"这个宏大的词语变得具体而生动。

8年前,这位地球物理学家放下在英国优渥的工作和生活,说服妻子卖掉经营多年的两个诊所,回到了中国。

黄大年曾说,离开英国的情形像是一场"落荒而逃","既然决定了就立刻回国,我怕再多待一天都可能会改变主意"。

家乡在广西南宁的黄大年通过国家"海外高层次人才引进计划"(以下简称"千人计划")回国时,有很多选择,但他毫不犹豫地选择了母校吉林大学。他成为第一个回东北的"千人计划"特聘专家。

回国是为了兑现诺言。大学毕业时,黄大年在毕业纪念册上写下一行字:"振兴中华,乃我辈之责!"

回国这些年,黄大年像是上了发条,不知疲倦,周围人叫他"拼命黄郎"。他曾在微信朋友圈里感慨:"人生的战场无处不在,能走多远就多远,倒下了,就地掩埋!"

令人扼腕的是,今年1月8日,黄大年因胆管癌不幸离世,年仅58岁。遗体告别仪式那天,来自社会各界的800多人挤满了告别厅。

告别仪式后，黄大年生前教过的40多位研究生跪倒在他的遗像前，痛哭流涕。看到这一幕，吉林大学地球探测科学与技术学院党委书记黄忠民感慨，学生对老师最深的爱戴，莫过于此。

"振兴中华，乃我辈之责"

黄大年出生在一个知识分子家庭，17岁时考到地质队工作，成为一名物探操作员，接触地球物理领域。1977年恢复高考，他以优异的成绩考入了长春地质学院（现吉林大学朝阳校区）。

硕士毕业后，黄大年留校任教，后来破格晋升为副教授。1992年，他得到了全国仅有的30个公派出国名额之一，被选送到英国攻读博士。4年后，他以专业排名第一的成绩从英国利兹大学博士毕业后回国。不久，他再次来到英国，从事针对水下隐伏目标和深水油气的高精度探测技术研究工作，成为当时从事该行业高科技敏感技术研究的少数华人之一。

再次准备回国时，黄大年在世界地球物理领域已颇有影响力。他曾在英国一家航空地球物理公司任高级研究员12年。

黄大年曾说过："叶落可以归根，但作为高端科技人员在果实累累的时候回国更好，最有价值。带着经验、技术、想法和追求回来，实现报国梦想。"当得知"千人计划"后，他觉得自己回国的时候到了。

同为吉林大学"千人计划"特聘专家的王献昌，20多年前还在北京工作时，就对黄大年有所耳闻，"那时破格评上副教授的事还很少见"。

他说，黄大年是个"能量球"，把自己充分燃烧，才能和技术完全贡献给国家。

黄大年从不避讳说豪言壮语，他希望通过身体力行来感染更多的高科技人才"出得去，回得来"。

"作为中国人，无论你在国外取得多大成绩，而你所研究的领域在自己的祖国却有很大差距甚至刚起步，那你都不是真正意义上的成功。"作为国家的战略级科学家，黄大年关注未来几十年在航空地球物理领域要达到的目标——巡天探地潜海，向深地深海深空进军。

吉大的骄傲

回国后，黄大年带着先进技术，重点攻关国家急需的地球深部探测仪器。这种设备能"看清"深层地下矿产和海底隐伏目标，对国土安全具有重大意义。

回国没多久，黄大年就成为国土资源部"深部探测关键仪器装备研制与实验项目"的负责人。他还协助国土部完善战略部署，同时担任多个项目的负责人和首席科学家。黄大年首推实物车载、舰载、机载和星载的"快速移动平台探测技术"的研发工作，这也是世界科技强国竭力追求的核心技术。

这些年来，黄大年带领的科研团队依托吉林大学，汇集了400多名来自不同高校和中科院的优秀科技人员。5年内，他的团队取得很多突破性成果，不断填补国内空白。目前，在相关探测数据获取的能力和精度上，我国与国际水平的差距缩短了10年，在算法上已经与国际水平相当。

2010年10月，吉林大学成立了移动平台探测技术中心。作为学术和项目带头人，黄大年利用在国外多年积累的人脉和声望，推动国际合作。

一次，黄大年带队考察，国外研究机构为了接待他们停止工作半个月，还不惜成本把储存于零下200摄氏度的产品解冻，拆开让中国团队仔细观察。这让随团的中科院院士罗俊很是感慨："经常出国考察，受到西方发达国家如此隆重接待的，还是第一次。"

黄忠民说，评价一所大学的科研和学术氛围好不好，要看深夜楼里的灯光。吉林大学朝阳校区地质宫507房间的灯光经常要亮到凌晨两三点，那是黄大年的办公室。

黄大年是个"空中飞人"，一年有一半以上时间在出差。为了不影响白天工作，他总是乘坐最晚一班的飞机往返。

吉大人才办副主任徐昊说，黄老师是吉大的骄傲，是学校人才引进历史上最成功的一位。这几年，黄大年还鼓励多位好友回国。

清华大学副校长、中科院院士施一公和黄大年相识多年。他赞誉黄大年是"最单纯的赤胆忠心的海归科学家"，"为推动祖国尖端领域发展全心全意、殚精竭虑，为了祖国不计个人得失，是中国知识分子的楷模"。

"他对每个学生都好"

在诸多身份里，黄大年最喜欢"老师"这个称谓。

回国第二年的新学期，黄大年给吉大地探学院新生做了一场报告。他对比了国内外地球物理的发展状况，让学生重新认识到这一学科的优势和前景。

2010年，吉林大学鼓励名师义务担任本科生班主任。黄忠民试探地问黄大年愿不愿意担任首届"李四光实验班"班主任，他欣然答应。

成了班主任后，为了让学生更方便制图和查资料，黄大年自费给全班24名学生每人买了一台笔记本电脑，等学生离开吉大时再交回。当时笔记本电脑对新生来说还是件奢侈品。

在黄大年眼中，每个学生都是一张白纸，可以自由发挥，而他负责把关。他生前的工作助手于平说，他会根据个人特点和国家需要来规划每个学生的发展方向，只要学生把想法说出来，他会尽量满足。

今年博士三年级的周帅对无人机感兴趣，而国内目前无人机驾驶员很稀缺，黄大年就推荐他去北京参加无人机驾驶员考试培训。两个月高昂的培训费、食宿费用和考试费，黄大年都无偿资助。"当时我觉得黄老师对我真好，后来发现其实他对每个学生都好。"周帅说。

这些年，黄大年资助过26名学生出国交流和参加学术会议。他在读本科时，正是后来成为中科院院士的滕吉文教授的一次讲座给了他国际视野，并让他终身受益。他说，也要像自己的恩师一样，培养学生的国际视野和追求卓越的精神。

学生都知道黄老师的名言："一定要出去，出去一定要回来，回来一定要报国。"

去年12月初，黄大年因腹部痉挛昏迷在飞机上；12月8日，还在忙工作的黄大年被医生催着住院。

在黄大年准备做手术的前两天，晚上十二点多，博士生周文月收到了他的短信。短信里说，已经为她写好了去剑桥大学交流的推荐信。手术前一天的身体检查，黄大年点名让学生王泰涵陪他，因为他还没解答完王泰涵关于近期项目进展的问题。

"在我们眼里，黄老师很完美。"周文月说，节假日聚会时，黄老师会带着相机给学生拍照；出国时会带着两个空箱子专门给学生买礼物；接学术电话时直接开免提让学生一起听……

手术原本取得了成功，但黄大年还是没能熬过关键时期，在2017年刚刚来到的时候，留下还未完成的事业离去。

如今，黄大年的办公室依然如故：墙上贴着他去年一年的工作日历，窗台上还摆放着他喜欢的盆栽。只是办公桌对面多了他的大幅遗照。

学生们轮流到这间办公室打扫卫生。周文月说，感觉老师还在，同学们会找他"聊天"，会用手机播放他生前听到会流泪的歌——《我爱你，中国》。

（作者为中国青年报·中青在线记者）

《中国青年报》（2017年05月19日　02版）

黄大年的"万有引力"

王梦影

2017年1月8日,地球物理学家黄大年终于停下了追赶。胆管癌手术后的并发症将他的生命定格在58岁。

自2010年回国以来,这位"千人计划"科学家一直在"向前冲"。他那位于吉林大学地质宫507的办公室墙上贴着12张A4纸拼成的日程表,几乎每个格子都满了。

睡觉的时间可以省,他习惯搭乘当天最晚一班航班,也总爱在后半夜回来。无论寒暑,507的灯总是直到深夜还亮着。他办公室的柜子里塞着一床花被子,太晚了就在沙发上睡一会儿。

吃饭的时间可以省。他舍不得放下工作去食堂,总是请学生帮忙带一个楼下面包房6块钱的菠萝面包或是两个烤苞米。蒸苞米他也喜欢,可滴下的水会影响他边吃操作电脑,只能割爱。

他甚至连住院的时间也要利用。照顾他的护士长记得,黄教授的病房总是很热闹。师友学生来探望,最后往往会变成一两个小时的科研探讨。

身边的人担心他的身体,常劝他。但这位大科学家有自己的"狡黠"。他总是"态度特好,积极承认错误,可就是不改"。

"他着急啊,想做的事太多了。"吉林大学地球探测科学与技术学院(以下简称地探学院)教授于平说。她是黄大年团队最早的成员之一。"他的心里有一张更大的时间表，不仅涉及一个学科的发展，还有整个科研事业和国家的未来。"

没人知道这张时间表的全貌，这个敦实的中年男人也很少谈起。

航空重力测量技术可能是这张表格的重要一部分。

据吉林大学地探学院副教授马国庆介绍，地球的磁场是一张大网。"磁场之网"亿万年来绵延过海底与平原，记录着永不磨灭的信息，也能捕捉到雷达静默的潜艇尾旋掀起的细沫。

科学家通过重力计算"磁场之网"的信息，我国在这方面的理论也有所发展，但难点在工程应用上。重力梯度仪搭载在飞机上，需要在高速移动中对地穿透，精确感知毫厘之差。

2004年，作为英国剑桥ARKeX地球物理公司的研发部主任，黄大年就曾与美国专家联手攻关。他手下是一支包括英国科学院院士在内的300人精英团队。

3年后他回国，马国庆是他带的第一批博士生之一。师徒二人共同研发中国自己的重力梯度仪。项目中还有一些更年轻的师生，他们中大多数人是第一次接触这种技术。

他们在地质宫拥有一间办公室。这栋宫殿样式的教学楼建在溥仪伪满洲国政权的皇宫地基上，1957年，新中国第一所地质学校——长春地质学院成立，李四光担任校长，这里成了新中国地球物理学的教育殿堂。石头台阶即使在盛夏也凉爽异常，年轻学子攀着石头扶手旋转向上。

黄大年曾是那些攀登者中的一员。1977年恢复高考，这个来自广西南宁的男孩考进了长春地质学院，读完了本科和硕士，并留校任教。1993年初冬，他前往英国利兹大学深造。

黄大年对这间办公室很满意，他从窗户眺望，能看到少年时代的风景。可屋子毕竟太老了。有一次地探学院党委书记黄忠民雨天拜访，看见电脑和重要资料上蒙着塑料布，房间四角有塑料盆滴答滴答接着水，海归的大教授钻在塑料布下，额发都湿了，变成一缕一缕的。

"都这样了，你干脆回家休息吧。"黄忠民乐了。

"不行啊，工作干不完。"

黄大年去世前，团队对于重力梯度仪的研究已到了工程样机阶段。在数据获取的能力和精度上，我国与国际的差距至少缩短了10年，在算法上则达到了与国际持平的水平。

这个地质宫的老同学，成了新世界的闯入者。

黄大年把这座老建筑5楼的一间储藏室改成了活动室，取名"茶思室"。这项小工程从走完学校的程序到竣工花了半年。那是一个完全西式的空间，没有任何隔挡、有一个小小的吧台和几条皮沙发。黄大年自己掏钱买了咖啡机和咖啡豆。

于平很喜欢这个地方。年轻人坐不住，三三两两地站着，外卖饭盒随意摆在吧台上。黄大年习惯斜靠在吧台的右边，滔滔不绝。在她印象里，在这里开会，触及的话题反而比在会议室时更严肃、更宏大。

"黄老师从来就不是一个只局限于自己学院和专业的科学家。"她说。

黄忠民后来坦承，黄大年刚到的那几年，自己多少对这位老友有点不解。这位被寄予厚望引进的科学家带来了科研项目和资金，可这其中又有"多少能让吉林大学，让地探学院有所收获呢？"

在马国庆看来，在为项目选择人才时，黄大年的判断标准很简单，"谁擅长谁做，不管他是哪所高校哪个学院的"。

"他是站在国家利益的角度去考虑优先顺序的。"马国庆说。

他记得自己去武汉一所高校谈合作的场景。他看到一束粒子如何轰击打造一颗螺母，在最少损伤的前提下达到最高的精确度。为了实现它，这所高校动用了一整片厂房和一组稳定的供电机。这颗螺母最终将是重力梯度仪上的一个小小配件。

那时还在读博士的马国庆很羡慕，希望自己的母校有一天也能有这样的硬件条件。但他也挺欣慰的，母校"找到最合适的人"了。

回国不到一年，黄大年就急着和吉林大学机械学院的老师联系，想要联合研发重载荷物探专用无人机，用于移动平台探测。那时，在美剧《生活大爆炸》中露脸的大疆无人机年销售额还只有区区300万元。学院的很多老师根本没接触过无人机。

居然就让他谈成了。

在马国庆眼中，老师有着西方式的直接，"执行力超强"，很少浪费时间斟酌成功率。会议上遇到感兴趣的专家，一定要拦住人家聊聊，不管认不认识。遇到想不明白的问题，也总要千方百计去找懂行的请教。

黄大年的尝试不止于此。他涉猎颇杂，对太多前沿的发展有兴趣。在他心里，又有太多学科可以与地球物理发生联系。2016年9月，一个辐射地学部、医学部、物理学院、汽车学院、机械学院、计算机学院、国际政治系等的吉林大学交叉学部形成，黄大年担任了首任部长。

"大年的这个战略设想涉及卫星通信、汽车设计、大数据交流、机器人研发等领域的科研，可在传统学科基础上衍生出新方向，有望带动上千亿元的产业项目。"现任吉林大学交叉学部副部长的"千人计划"专家马芳武曾这样评价。

卢鹏羽是这个学部的首批受益者之一。这位吉林大学硕士生既是地探学院的一员，又在计算机学院做科研。他的工作，是结合地探数据，利用计算机建模，将地球磁场的大网变成视觉图像。

跨两个专业，卢鹏羽曾一度有点迷惘：面对的图景太过宏大，未来又太过遥远，不知道自己的位置在哪里。他最终选择信任导师指明的追赶方向。几年下来他发现，自己没走丢。

"我有时想,黄老师是不是也曾这样迷惘过呢?"卢鹏羽说。

朋友和学生公认:回国7年,黄大年适应得越来越好了。

这位在海外漂了18年的游子初回来时,对学校的各项行政流程并不熟悉。在他的经验里,那不属于科学家的本职工作。他利用一块空地建设的车载设备机库,因为缺少相关手续,差点被当作违章建筑拆掉。这个海归教授情急之下,躺在了卡车前的大路上。

"他不是不通人情世故,只是缺乏经验而已。"于平说。在她眼中,这个理科男周到细致。他办公桌右手边的抽屉是个宝库。出国再忙,他也总记得在免税店带礼物。女士能收到爆款色号的彩妆,男士则有各类国外食品。于平的小女儿曾收到黄爷爷送的一套粉色裙子,穿上后像个小芭蕾舞者。

团队的人事、财务、各项审批,都需要黄大年拍板。他越来越忙了,也越来越懂得适当的沟通和必须的等待。

"黄老师是一个实用的理想主义者。"卢鹏羽想了一会儿说。

2010年,黄大年出任吉林大学"李四光实验班"的班主任。这个班级选拔本科新生,旨在培养一批地探科学的预备军。英语水平是选拔考试的重要标准之一。

这位新晋班主任常常请地探领域的国际牛人来长春,为自己的学生讲课。

"一定要出去,出去以后一定要回来。"这是黄大年挂在嘴边的一句叮嘱。

学生周文月有时觉得,老师脑海中的时间表已经超过了他的生命长度,他在学生身上寄托了一个更宏大的未来。

本科毕业,周文月定了一个特别大的题目:汶川地震的地球磁场研究。黄大年很认可:国家需要这样的研究!他清楚这个题目对于一个本科生来说难度太高,拜托马国庆出差收集数据供周文月使用。

/ 黄大年的"万有引力" /

"他就是像把我领进门，让我体验一下有价值的研究是什么样的。"她慢慢反应过来。

和时下的风潮不同，黄大年的学生从不管自己的导师叫"老板"。惜时如金的黄大年也从不吝啬和学生在一起的时间。

他们在地质宫暗黄色的水晶灯下高呼着号子拔河，在初春的巷口烧烤——黄大年还特意把车子开来挡住风，车载音响放起《斯卡布罗集市》助兴。他爱摄影，去哪里总是背着沉重的器材，指挥着大伙摆造型，一脑门儿汗。

在黄大年这里，只有一件事是开不得一点玩笑的——科研。

马国庆和周文月都见过黄大年发火的样子，平时微笑着的脸沉下来，桌子敲得梆梆响："是不是懈怠了！"

黄大年给周文月博士论文的批注总是密密麻麻，连标点符号的错误都逃不过他的眼睛。一次正讨论着思路，黄大年突然一把盖住摊开的论文，笑嘻嘻地问："你别看，记得我改了什么吗？"

后来周文月才知道，黄大年少年时期与父亲通信，去信总是被批注得密密麻麻再同回复一并寄回。再相见，在广西地质学校做老师的父亲也常这样突然盖住被改过的信，说："你别看，记得我改了什么吗？"

这个知识分子家庭的习惯和平翘舌不分的南方口音一样，跟随了黄大年一生。那是困难年代，父母下放山区，陪伴他的有李四光的故事，李四光从海的那边归来，"带回来的行李满满都是书"。

2016年11月29日，黄大年在北京飞成都的飞机上昏了过去。回长春后，他被检查出胆管癌。

这似乎是个身心永远强健的男人。他的各类获奖证书随意塞在柜子里，只有一次胜利被他一遍遍炫耀：一位外国专家来访，两人在泳池里较量了一个来回。学生记得他快乐地蹿出水面，水珠四溅。

他们在重症监护室看见的老师仿佛换了一个人，苍白、虚弱，困在病号服里。那一刻,他们才第一次意识到:黄老师不是超人,是和他们一样的普通人。

在他生命最后的岁月里,护士长常发现这位教授全身用力在思考:躺在床上背对着门,身体绷得像拉满的弓。

黄大年去世后,马国庆接手了老师一系列未完成的工程。他离开实验室的时间越来越晚,午休也总是以面包替代。师弟师妹私下觉得,这位总爱开玩笑的大师兄神态越来越像老师了,克制、着急。

周文月最近则常常整个白天都忙于接待——采访和参观的人太多。她每天特意清早起床,推迟回宿舍的时间,用早晚的时间把科研的工作补上:"怕黄老师看到我懈怠。"有时深夜寂静,走廊黑黢黢的,只有自己的办公室亮着灯,她想起黄大年常说的"地质宫里有中国地探科学的灵魂"便十分安心。

她正在稳步推进"一定要出去,一定要回来"的前半部分。这位"李四光"班学生从地质宫的窗口望出去,正是恩师少年时注视过的盛夏光景。

(作者为中国青年报·中青在线记者)
《中国青年报》(2017 年 07 月 13 日　01 版)

"要像黄大年同志那样涵养高尚情操，不忘初心、淡泊名利，自觉践行共产党人价值观，用模范行动展示共产党员的人格力量"

不想说再见

王郁涵

每次回到地质宫 507 办公室，我打开门，看见熟悉的摆设，就和主人在的时候一样。唯一不同的是，办公桌对面的墙上，多了一张黑白照片，我心便一沉。

时光恍然回到 7 年前，2010 年夏天，就在我马上要毕业准备出国继续读书的时候，有一天接到老师的电话，她告诉我学校地球探测科学与技术学院来了一位"千人计划"专家，叫黄大年，需要招聘一个秘书，问我对这个职位感不感兴趣。

抱着试试看的心情，我第一次来到地质宫面试，从此便与地球科学结下了不解之缘。

当时有朋友问我，你为留学准备了这么多，怎么可以放弃呢？我想了想说，你还记得小时候我们常说，长大了要做一名科学家吗？现在我就是在为一名科学家工作啊！

进入工作状态之后，我才慢慢了解了"科学家"什么样。黄老师事无巨细，每一个文件，每一封邮件，甚至每一条信息都完成得极认真。他惜时如命，每天必须工作到凌晨，出差的路上都在打电话，飞机上都在写材料。记得那是我工作后协助他申请的第一个项目，位于北京的承担单位经常只留给我们很短的时间来完成材料的打印和报送，我们都叫苦不迭。有一次时间眼看就来不及了，大家几乎要全体放弃了，大家叨咕着"这根本不可能完成"，都放下了手里的工作。黄老师走进来，看见大家泄气的样子，就说，如果我们因为这点小小的困难就放弃了，那只能说明不在北京的吉林大学，的确没有资格获得这个项目。后来在大家的共同努力下，终于按时将材料送往了北京并因为质量优秀而被承担单位夸赞。刚毕业的我突然明白，这就是人们常说的对待工作的态度啊。

听他的朋友讲，在英国的时候，他是一个特别会生活的人。做饭，自驾游，办派对，剑桥的别墅从里到外都是他和夫人亲自动手打造的，车库里挂满了大大小小各种工具，花园里鲜花果子满树都是。他的朋友跟我说，你们吃过黄老师烤的猪排吗，皮脆肉嫩，那可是一绝呀！我想象着那些浪漫的异国岁月，然后试着去体会他回国后的日子，这里每年一半的时间是冬天，他在家和学校两点一线，机场、宾馆、泡面充斥着他的生活，他都如何下咽？如果没有那赤子般纯粹而炙热的爱，一切似乎都太难想象。

但是他热爱东北这片黑土地。他说，当年离开就说过一定会回来，从来都没有其他可能性。决定回来的心意已定，尽管同事的挽留让他不舍，尽管妻子卖掉诊所的眼泪让他不忍，尽管女儿还在读书让他不放心，但他还是毅然踏上了回国的飞机，在平安夜的晚上，回到了祖国的怀抱。每年圣诞节，他都会给我们讲起那个在飞机上度过的令他终生难忘的平安夜，18年的海漂生涯画上了一个句号，他，终于回家了。

他说，是祖国帮我实现了大学梦、出国梦，是时候为她实现中国梦了。

从回国开始，他全身心投入工作，恨不能将国外所得所学一股脑全部交与国内的科研事业，仿佛从来不知疲倦。

他每天争分夺秒地工作。地质宫有十点熄灯的习惯，黄老师刚回国的时候，因为在办公室工作到凌晨两三点，离开的时候地质宫大门早已锁上，需要请保安帮忙开门，保安经常跟我们抱怨。后来时间久了，保安们慢慢了解了他的工作习惯，也因为他和善的为人，保安对我们总是很照顾。如果到了关门的时候我们还在加班，保安就会进来轻声跟我说一句："请黄老师早点回去休息，离开的时候叫我开门。"

看看日历上满满的日程安排，我们经常劝他不要太辛苦，学术活动可以有选择地参加。他嘴上答应着，然后看看这个会议的议程，看看那个研讨的题目，这个会议上不能没有吉大的声音，那个研讨的题目我在国外的时候比较了解能帮助他们少走不少弯路……哪个都不能不去。我们也只好作罢，我问他出差坐哪个航班呢？他头也不抬跟我说，就今晚最后一班吧。

黄老师的身体在年复一年的忙碌中日益透支，开始有了小状况。2016年6月，在项目结题验收会的前一天，黄老师来到办公室的时候脸色就很苍白。我们忙了一会儿我听到从他办公室传来"砰"的一声，我跑进去一看，他从椅子上摔倒在了地上。我赶快找来老师和同学帮我一起把他扶到沙发上躺着。他说我休息一会儿就好了，你们出去吧，不要告诉其他人。在他的再三要求下，我们离开了他的办公室。我在隔壁一直竖着耳朵听，生怕他再出什么意外。大概过了二十分钟，黄老师从屋里走出来，笑了笑跟我说昨天通宵有点累，睡一会儿已经好了，不要担心。说完便去其他办公室布置接下来的工作了。

我们乘坐当天下午五点的火车，到了北京的宾馆已经是凌晨了，他把我们手里的材料全部拷贝走，就一个人回了房间，我明白那很有可能又是一个不眠之夜……

答辩会之后，他在项目组的微信群里说："我们的项目获得了最高评价。我钦佩大家的合作精神，同时衷心感谢大家的长期支持、不懈努力和牺牲精神。今晚注定属于项目九所有成员，包括你们的家庭，感谢他们，现在可以睡个好觉了！"

科研成果不断获得认定的背后是黄老师身体状况的持续下滑……

2016年12月14日，黄老师进行了一场手术。在手术的前一晚，他说想一个人静一静，把我们所有人从医院"赶"走。那天晚些时候，他发朋友圈说："人生的战场无所不在，很难说哪个最重要。无论什么样的战斗都有一个共性——大战前夕最寂静，静得像平安夜……"我想，当大家看到这条朋友圈时，所有懂他的人都明白了，再次提到平安夜，就代表着他已经把他这58年的一生在眼前像过电影一样过了一遍。

进手术室前他向我们挥手，做着胜利的手势。团队十几位老师一直守候在手术室外，从中午一直等到晚上，得知手术顺利，大家都喜上眉梢。可是当他被推出来的瞬间，我看到身边很多人都和我一样，红了眼圈儿，因为我们看到他安静而虚弱地躺在那里！我们见惯了他威武的样子，却完全忘了，他也会有脆弱的此刻。他从来都不曾显露他的病痛，在手术之前也不准我们告知外界，就连他的学生也都是在他最后的日子里才得知他不是"出国了"……

黄老师走了。有时候，我会梦到他，梦是如此鲜活，大家都还像原来一样在走廊里穿梭，在电脑前工作，以至于我醒来之后根本无法分辨哪一个才是梦境。

我们总还是很难相信他已经离开我们了这个事实。每一天我坐在办公室里，总觉得下一秒他就会风尘仆仆地背着书包走进来，笑着跟我说"早啊小王！"然后开始一天的工作。

我还是会收拾他的办公室，按照他的习惯，浇浇花通通风，有时候我站在门口，能看见他坐在办公桌前写字，看见他坐在会议桌前谈事，看见他站在窗口举哑铃……好像不曾离开过。

（作者为黄大年生前工作秘书）

《人民日报》（2017年07月13日　24版）

心有大我，山一样的巍峨

温红彦　吴储岐

历史的天空风云变幻，岁月的江河激流匆匆。唯一不变的是，总有殷殷志士甘为国家鞠躬尽瘁，总有拳拳赤子愿为民族负重前行。

中国长春，吉林大学地质宫，门前一对石狮左右雄踞，见证了超越一个甲子的沧海桑田。

66年前，新中国第一所地质学校——东北地质专科学校（合并到吉林大学的长春地质学院的前身）在此诞生，李四光冲破重重阻力，离开英伦回到祖国，担任这所学校的首任校长。

7年前，大雪纷飞的平安夜，一位国际知名学者"作别西天的云彩"，从英国剑桥飞回祖国怀抱。他悄然踏进吉林大学地质宫，脚步声却震惊了整个世界。有外国媒体报道称：他的回国，让某国航母演习整个舰队后退100海里。

他就是黄大年——著名地球物理学家，国家"千人计划"专家，吉林大学地球探测科学与技术学院教授，当今中国不可多得的战略科学家。

心有大我，让他的行止有了山的巍峨；至诚报国，让他的胸怀有了海的辽阔。他以战略科学家的气魄，为国家地球深部探测技术运筹帷幄；他以教育家的身姿，为培养学生尽心尽责；他似一朵浪花撞击着梦想的礁石，又像炽热的熔岩冲出地壳，奔涌燃烧，光芒四射直至生命的最后一刻。

2017年1月8日，黄大年永远地走了，带着他对祖国最深沉的眷恋，带着祖国对他最不舍的呼唤……

一粒中国梦的种子发了芽

大雪无痕，英雄有迹可循。

黄大年"心有大我、至诚报国的爱国情怀"从哪里来？

一个人的成长成才，有其宏大的时代背景和独特的心路历程。

刚刚大学毕业的黄大年，在毕业留念册上，就写下了这样的豪言："振兴中华，乃我辈之责！"

"父辈们的祖国情结，伴随着我的成长、成熟和成才，并左右我一生中几乎所有的选择。这就是祖国高于一切！"从他的一份工作自述中，也能清晰地管窥他高尚的内心世界。

这是怎样一位纯粹的、有情怀的、赤胆忠心的科学家！

黄大年出生于广西南宁，父母都是老一辈知识分子。父亲对黄大年的要求十分严格，常在一些小事中锻炼他的记忆能力和应变能力。"中国的未来绝不能没有文化知识。"记忆中，父亲经常讲到钱学森、邓稼先、李四光……他们"沉稳""和善"，"带回国的行李箱中满满都是书。"

1966年，"文革"爆发，8岁的黄大年正上小学三年级。受这场浩劫的波及，他随父母下放到桂东南一个遥远的小山村。初中时黄大年离开家，到罗城县的"五七"中学读书。这是一所工农兵学校，虽然教学环境封闭，但学习生活井井有条。黄大年从这里学到了自律、独立，每当他听下放的知识分子讲课，眼睛里便满是崇拜的"星星"。

艰苦的生活，磨砺着他幼小的心灵；漂泊的日子，让他在适应各种环境中倔强成长。高中时,他又跟随父母辗转到广西贵县,考入贵港中学。高中毕业时,当地的地质队要招两名航空物探操作员。由于反应机敏,成绩优秀,17岁的黄大年从几百人中脱颖而出。

作为航空物探操作员,他第一次从飞机上俯瞰广袤土地、秀美山川,激动的心久久不能平静,对祖国河山质朴的爱,深深植入他的心田。

从此,黄大年的"地质梦"拉开了序幕。

1977年恢复高考,关闭十年的考场重新敞开大门。全国570万考生用激情和渴望驱散了寒冬,黄大年也迎来了命运的转折点。他欣喜若狂地拿起书本,踏上高考征程。

高考前一天,黄大年走了近一天的山路,到达广西容县杨梅公社高中考点,跟随浩浩荡荡的赶考大军进考场。有志者,事竟成。黄大年如愿以偿,以杨梅公社第一名的成绩,考入长春地质学院应用地球物理系(现吉林大学地球探测科学与技术学院)。

"把失去的光阴夺回来",是当时大学校园最流行的口号。在长春地质学院的地质宫,黄大年真正走进了地球物理学的殿堂,他几乎天天泡在地质宫二楼的阅览室,厚厚的一本弗拉基米诺夫数学物理方程习题集,做了一遍又一遍。聪明加刻苦,他连续获得"三好学生"和标兵表现奖。

课堂上认真聆听,图书馆聚精会神;舞台上一展歌喉,足球场挥汗如雨。黄大年不仅学习好,还多才多艺,大家都喜欢这位阳光帅气、聪敏机慧、热情奔放的青年。

美好的大学时光倏忽而过,转眼来到毕业季。当时流行写毕业留念册,在册子上留下青春的照片和临别的赠言。

那是一张一寸黑白证件照,24岁的黄大年,一头浓密黑发,目光坚毅,俊朗的脸庞充满朝气。照片上方,有一句赠言简短有力:"振兴中华,乃我辈之责!"

一颗中国梦的种子,此时发了芽。

1982年，黄大年本科毕业，留校任教。一年后，又考取硕士，硕士毕业，继续留校任教。他曾获得学校教学成果一等奖、地矿部科技成果二等奖。从助教到讲师，风华正茂的他一路优秀，1991年破格晋升副教授。

科学的春天里，疾步如飞的黄大年和百废待兴的中国，一起追赶着世界。

一颗赤子心，时刻准备着

"对我而言，我从未和祖国分开过，只要祖国需要，我必全力以赴！"黄大年虽然身在海外，但一颗心，时刻准备着回来。

作为享誉世界的地球物理学家，黄大年在英国搞科研，始终是一个被追赶者，但他并不觉得荣耀，因为他是"有祖国的人"。

"作为中国人，无论你在国外取得多大成绩，而你所研究的领域在自己的祖国却有很大差距甚至刚刚起步，那你都不是真正意义上的成功。"

满腔赤子情，一颗报国心。对于黄大年来说，学成归来，报效祖国，才是最大的成功，才是今生今世最大的价值。

1992年，黄大年再次来到人生的一个重要转折点。

"中英友好奖学金项目"启动，通过层层筛选，黄大年拿到了全国仅有的30个公派出国名额中的一个，他被派往英国利兹大学地球科学系攻读博士学位，是同批留学生中唯一来自地学领域的博士生。

"我一定会把国外的先进技术带回来！"临别时，黄大年铿锵的话语，至今留在老师、同学的心中。

中科院测量与地球物理研究所的"千人计划"专家毛伟健与黄大年结交已有25年。黄大年来到利兹大学攻读博士时，毛伟健正在利兹读博士后。"他背个双肩包，一见到我就兴冲冲地自我介绍。"第一次见面，黄大年就给毛伟健留下深刻印象，他们知音初遇，惺惺相惜，后来经常在一起谈生活、谈学习。

黄大年知道学习机会来之不易，四年里，他对时间吝啬至极，每分每秒都在吸纳、都在追赶。1996年12月，黄大年以排名第一的成绩获得利兹大学地球物理学博士学位，成为该系获评优秀学生中唯一的海外学生。

博士毕业后，黄大年回到母校。此时，国外同行在航空地球物理方面的研究日新月异，黄大年唯恐落下追赶的脚步。第二年，经单位同意，他又前往英国，继续从事探测深水油气和水下隐伏目标的研究，成为当时该领域的少数中国人之一。

这是一家名为ARKeX的航空地球物理公司，黄大年在公司里担任高级研究员和研发部主任，是一个被仰望的传奇人物。他带领一支包括外国院士在内的300人"高配"团队，主要从事海洋和航空移动平台探测方法、技术和装备研发。它是一种能够在海洋和陆地复杂环境和条件下，通过快速移动方式实施对地穿透式精确探测的技术装备，被广泛应用于油气和矿产资源勘探。这项技术是当今世界各国科技竞争乃至战略部署的制高点，是强国展示实力的重要标志。

由于本领过硬，黄大年成为国际著名航空地球物理探测技术专家，受到国际同行的尊敬。许多年后，当黄大年带队到他曾经工作过的英国公司考察时，对方安排他们参观正在研发装置的核心部分，甚至不吝介绍其中的重要参数。此情此景，让随团考察的中科院院士罗俊感慨万分："我从事这项工作多年，还第一次受到西方发达国家如此隆重的接待。"

一晃10多年，英国俨然成了黄大年的第二故乡。事业有成，收入优渥，有花园洋房，妻子在伦敦经营着两间诊所，女儿也上了大学，一家人的生活安逸舒适。

可是，他心里始终有一团熔岩渴望爆发、渴望奔涌，渴望将这份光与热奉献给祖国。

2004年，黄大年正在大西洋深水处攻关"航空重力梯度仪"军转民技术时，父亲走到了人生的最后时刻。电话那头，父亲深情地对大年说："儿子，估计我们见不到最后一面了……你可以不孝，但不可不忠，你是有祖国的人！"两年后，母亲也悄然离去。当时，黄大年正在国外一个空军基地做试验。母亲临终前，留下的还是那句话："你是有祖国的人。"

自古忠孝难两全，康河的水，大年的泪，赤子的心。

海漂18年，黄大年一直怀揣着对祖国的惦念、对父母双亲的惦念，无论是回国讲学还是参加学术会议，他总会像一叶风帆急急驶来。而18年后真正归来，已是"子欲养而亲不待"。

不愿做康河柔波里的一条水草

历史的天空风云变幻，但总有相似的星光交相辉映。

半个多世纪以来，有过两次大的归国潮，都与国家、民族的召唤紧密相连。

李四光们的归来，是奔向"新中国"；黄大年们的回国，是践行中国梦。

2008年12月，中国决定实施"千人计划"，旨在引进海外高层次人才回国工作或以适当的方式为国服务。中国梦这三个字，让以黄大年、施一公、潘建伟等为代表的留学人员无比振奋。他们纷纷汇入归国大潮，引领中国在多个科研领域跻身世界前列。

从"救国梦"到"强国梦"，从"个人梦"到中国梦，两代留学生用他们的行动诠释了报国的赤诚。

"梁园虽好，非久恋之乡。"漂泊18年，黄大年一直在等待，等待一个机遇，等待一次召唤。

2009年4月，时任吉林大学地球探测科学与技术学院院长的刘财，把国家"千人计划"有关材料试探性地发送给远在英伦的黄大年。

听到母校的召唤，海外赤子的一颗心，被彻底激活。黄大年第一时间就明确表示，考虑回国。

黄大年需要祖国，祖国也需要黄大年。

"多数人选择落叶归根，但是高端科技人才，在果实累累的时候回来，更能发挥价值。现在正是国家最需要我们的时候，我们这批人应该带着经验、技术、想法和追求回来。"在黄大年给刘财的一封邮件中，爱国之情一览无遗。

剑桥的宁静，康河的柔波，在黄大年心中难免有牵绊、有不舍。他的科研团队也再三挽留。"伙计，你别走，留在这里，我们会有更多成果。"国际航空物理学家乔纳森·沃特森后来回忆说："当黄教授离开英国返回中国的时候，我们特别悲伤，对他的为人以及事业上的成就都非常尊重，许多人想让黄教授留下。"

他的妻子张艳在卖掉苦心经营的两个诊所后，蹲在一堆医疗器械里失声痛哭，她是学医的，那是她一辈子的梦想。

可黄大年归心似箭，再难动摇。

"康河留下了我的眷恋，而地质宫刻有我的梦想。"那时，国内顶尖科研单位的许多橄榄枝，都向黄大年抛来，但他毫不犹豫地选择了母校，因为那是他梦想出发的地方。

2009年12月24日，平安夜，长春大雪，一架民航班机缓缓降落在长春龙嘉国际机场。18年的英伦生活，黄大年"挥一挥衣袖，不带走一片云彩"。

6天后，黄大年与吉林大学正式签下全职教授合同，担任吉林大学地球探测科学与技术学院教授。他因此成为东北地区第一个国家"千人计划"专家。

每每想起签约的场景，黄大年都会感慨万千，以至于7年后的同一天，他彻夜难眠，在朋友圈中这样写道：

"从海漂到海归一晃18年，得益于国家强大后盾，在各国才子强强碰撞的群雄逐鹿中从未言败，也几乎从未败过！有理由相信，回归到具备雄厚实力的母校，只要大家团结和坚持，一定能实现壮校情、强国梦。"

一人力量小，"千人"力量大

"我最骄傲的，就是入选了'千人计划'专家，因为有一群赤胆忠心的'千人'和我一样回归祖国，一同前行。"

世界科技的竞争，往往没有第二，只有第一。地球深部探测技术，也是如此。

地球深部还隐藏着多少秘密？这是人类孜孜以求的梦想，也是一个国家的战略需求。西方发达国家在20世纪70至90年代已经完成一轮深部探测，牢牢占据了地质科学领域的制高点，而我国在21世纪初才刚刚起步。国家战略的推进，需要一批科技领军人物，需要一批战略科学家。

黄大年，就是"千人计划"引进的一位不可多得的战略科学家，他能深入专业探幽微，又能跳出专业览全貌，有着深邃的战略眼光、高超的科技宏观决策能力和凝聚其他科学家的巨大人格魅力。

他的回国，能让某国航母演习整个舰队后退100海里，就说明了一切。

2009年4月22日，第四十个"世界地球日"到来的时候，我国"深部探测技术与实验研究专项"正式启动，叩响了"地球之门"。

这是我国历史上实施规模最大的地球深部探测计划，是赶超世界科技先进水平的重大战略计划。该计划设置九大项目49个课题，集中了国内118家机构、1600多位科学家和技术专家参与其中，被称为中国地学界的"集结号"。

一声号角响，万千英才聚。

黄大年甫一回国，就被委以重任。作为第九分项"深部探测关键仪器装备研制与实验"的首席科学家，他以吉林大学为中心，组织全国优秀科研人员数百人，开启了深地探测关键装备攻关研究。

黄大年致力攻关的"航空重力梯度仪"，就像一个"透视眼"，给地球做CT，能洞穿地下每一个角落。这套系统十年磨一剑，在近年来探明的国外深海大型油田、盆地边缘大型油气田等成功实验中，发挥了至关重要的作用，成为"颠覆性"技术推动行业突破的典范。

但在这一产品和技术上，西方对中国实行最为严格的禁运和封锁。"这是国家发展无法回避与绕开的话题，要发展就必须要有装备，就必须突破发达国家的装备与技术封锁。"黄大年深知，要想叩开"地球之门"，必须靠中国人自己。

方向确定了，撸起袖子加油干！

可项目刚刚开展的时候，国外养成的惯性思维、行事风格、处事理念，让黄大年对工作中的一些事情经常不理解，很生气，又无奈。

面对种种不适应，急性子的黄大年不仅要倒"时差"，还要倒"识差"。好在有"千人"同行，他觉得并不孤单："大跨度的经历难免遭遇各种困难，拼搏中聊以自慰的追求其实也简单：青春无悔、中年无怨、到老无憾。"

一人力量小，"千人"力量大。黄大年搞交叉，搞融合，在碰撞中寻求突破，在差异中做大增量。在黄大年的感召和努力下，王献昌、马芳武、崔军红等"千人"纷纷来到吉林大学，他们在不同学部、不同领域相互交叉、融合。如今，吉林大学的"千人计划"专家已经有32人。

大学科、多学科交叉，是当代科技创新的必然趋势，黄大年深谙此道，他绘就了一幅宏大的吉林大学交叉学部蓝图：在深地、深海、深空、信息、新材料等领域交叉融合，以大学科支撑大科学，以大科学带动大学科。

2016年9月，一个非行政化的科研"特区"初步形成：吉林大学新兴交叉学科学部正式成立，黄大年任首任学部长。

成立新兴交叉学科学部，是黄大年回国后最高兴的事。学校曾多次催他申报院士，他都风轻云淡地说："先把事情做好，名头不重要。"

每一个学生都是一块璞玉

每一个学生，黄大年都要精心雕琢。他说，自己最看重的身份是教师。

他是一位战略科学家，同时也是目光高远的教育家，他培养学生不仅是"授人以渔"，更是为了学科发展的未来、人才建设的未来、国家战略的未来。

"中国正努力从科技大国向科技强国迈进，而这段并不平坦的进程需要几代人去完成。如何培养更优秀的人才，让文化与智慧长久地传承下去，值得每个人思考。"黄大年这段话，体现的正是他致力于培养国家高精尖人才的紧迫感和使命感。

2009年秋，黄大年为新生做了一场生动的报告。周文月为能听到这样一场大科学家的报告感到幸运。更幸运的是，这位大科学家后来还成为她本科到博士期间的导师。黄大年的悉心指导让她感动不已，"光是课题'汶川震区地球物理及地壳运动特征研究'就不知改了多少遍，每一个细节，黄老师都不放过"。

2010年，吉林大学启动"名师班主任计划"，黄大年担任第一届"李四光实验班"的班主任，还自费为班里24名学生每人买了一台笔记本电脑，他说信息时代就要用现代化的信息搜索手段，追求先进的理念必须从细节开始。

"知我者谓我心忧，不知我者谓我何求。"首席科学家当起了本科班主任，很多人不理解。而对于黄大年来说，这是理所当然。在国外，越是名师越要给本科生上课，如果学生在本科阶段接触到一流的教授，会受益终身。在这件事上，黄大年有亲身经历。他在读本科时，地球物理学家滕吉文院士的一次讲座，让他一下子打开了眼界，从那时起，他就下决心要"走出去看一看"。

这是一种深远的师承。

"一定要出去，出去了一定要回来；一定要出息，出息了一定要报国。"这是黄大年常对学生说的一句话。他激励学生要树立远大理想和家国情怀，不能只做国内的佼佼者，应视发达国家一流大学的学生为对手。

在黄大年看来，每一个学生都是一块璞玉，只要因材施教都能成才。"你要做好心理准备，跟我搞研究将会很苦，但一定很值得。"每带一届学生之前，黄大年都会和学生说同样的话。

黄大年的办公桌旁有两张椅子、两台电脑。倒不是因为"阔绰"，而是专门为学生准备的。学生来了，就坐在黄大年身旁，一人一台电脑，讨论清晰高效。

他办公室的窗户无论冬夏，都开一条缝。"思考需要氧气！"黄老师的连珠妙语经常把学生逗乐。

办公室对面，是一间小有名气的"茶思屋"，这是黄大年专为学生开辟的"造梦空间"。这里原本是杂物间，简单装修一下，几组沙发，两套茶具，一个吧台，就是一处休闲的所在。学习累了，心情差了，大脑一时"短路"了，都可以到这里来喝喝下午茶，许多"脑洞"也许就轻松打开了。

黄大年打造这间"茶思屋"，一定是受到剑桥大学到处都是咖啡屋、酒吧的启发。据说，科学家詹姆斯·沃森20世纪50年代就在其中一家酒吧里边喝啤酒边聊天，构思出DNA双螺旋结构，为此成为诺贝尔奖得主。学生们非常喜欢这间"茶思屋"，更明白老师开辟"茶思屋"的用意。

在学生心里，黄大年既是一位严师，又是一位慈父。怕学生节假日想家，他就邀请学生去自己家做客；谁感冒了，他抽屉里永远预备着感冒冲剂；听说一个学生父母腰有病痛，就托人从国外带回药片；要出远门，他带着学生的作业在路上批改；住进了重症监护室，仍不忘叮嘱学生修改作业中的错漏……黄大年最想做的，就是带出一批像样的年轻人，在地球物理研究的国际舞台上，站得住脚，有话语权，让中国的脊梁挺起来！

"四海同仁扼腕叹，满园桃李呜咽鸣。"这样一位只想着别人的人，从来没时间考虑自己的健康。

黄大年走了，他安详地躺在鲜花翠柏丛中，身上覆盖着鲜艳的党旗，近800人前来送别。偌大的告别厅装不下太多的悼念，省领导来了，国家有关部委领导来了，国内外专家学者来了，同事们来了，学生们来了……

黄大年走了，他视若孩子的学生们泣下似山雨："我多么希望这一切只是一场梦！""若有来生，我们还做您的学生……"

黄大年走了，他的同事泪崩如决堤："黄老师，我又没有特意去想你，只是科研项目遇到难关时，情不自禁地拿起手机……黄老师，我又没有特意去想你，不敢让自己经常想到你，因为太多事情还要去做，你的遗愿还要继续……"

一朵洁白的浪花，奔腾着抵达理想的彼岸

"人的生命相对历史的长河不过是短暂的一现，随波逐流只能是枉自一生，若能做一朵小小的浪花奔腾，呼啸加入献身者的滚滚洪流推动人类历史向前发展，我觉得这才是一生中最值得骄傲和自豪的事情。"

斯人已逝，当人们今天再次翻看黄大年在1988年写的这份充满理想主义和浪漫主义的入党志愿书，无不为之动容。

这段文字，像一个预设的程序，在对初心的坚守中，完成了一次伟大的运行；

这段文字，更像一粒饱满的种子，虽历经风雨寒暑，但最终扎根沃土，华盖参天，达成了一个完美的心愿。

黄大年是一代人的楷模，是中国知识分子的楷模，是460万留学生的楷模，正如清华大学副校长施一公教授所说："他的精神感染、激励和鼓舞的绝不仅仅是一个团队、几届学生、一所学校，而将是一个领域、一批学子、一代人。"

2016年6月28日，北京青龙桥，中国地质科学院地球深部探测中心，黄大年作为首席科学家主持的"地球深部探测关键仪器装备项目"，通过了评审验收。专家组一致认为，项目总体达到国际领先水平！

这表明，作为精确探测地球深处的高端技术装备，航空移动平台探测技术装备项目用5年时间，走完了西方发达国家20多年的路程。

中国进入"深地时代"！

地球物理界震惊了。国际航空物理学家盖里·巴尔内斯用两个"非常"评价黄大年："这是一个非常前沿的课题，他做出了非常多的创新。"

在场的评审专家无不对项目、对黄大年交口称赞。可谁也没有注意到，黄大年身上散发着一丝冰片的气味。

他吃了速效救心丸。

黄大年是在赴京前一天晕倒在办公室的。"不许跟别人说。"这是黄大年醒后对秘书说的第一句话。

回国7年，他像陀螺一样不知疲倦地旋转，常常忘了睡觉、忘了吃饭。地质宫507室，是黄大年的办公室，只要不出差，屋内的灯光每天要亮到凌晨，门卫大爷早已习惯了他的工作节奏。

回国7年，他超过1/3的时间在出差，不肯浪费宝贵的白天，他总是订夜航，在飞机上入眠。

每次出差回到办公室，他就把会议吊牌随手挂在衣柜的横杆上，7年下来，竟攒了满满的一杆，大小各异、五颜六色的会议吊牌，每一个都是他奔波劳碌的见证。黄大年的秘书说，这只是其中一部分。

在办公室的北墙上，贴着一张2016年的巨幅日程表，几乎每一日的格子里，都有安排，最后填写的是：2016年11月29日"第七届教育部科技委地学与资源学部年度工作会"，记录便戛然而止。

黄大年为什么如此惜时不惜命？施一公替他作出了回答："在前沿科学研究的竞跑中，任何取得的成绩都将马上成为过去，一个真正优秀的科学家总会有极其强烈的不安全感，生怕自己稍微慢一步就落下了。"

每当黄大年坚持不下去的时候，他就看一看办公桌对面的那张照片，那是2010年夏天习近平等党和国家领导人在北戴河与"千人计划"科学家代表的合影。看到这张照片，无穷的力量便又在心中回升。

东奔西波，黄大年把全部时间和精力都扑在了工作上。家，反而成了一个短暂的栖息地。他觉得最对不起的人是妻子张艳。

从卖掉诊所、舍弃"医学梦"跟随丈夫回国，到几十年如一日照顾他、爱护他，张艳是黄大年一生中最坚强的后盾。他对妻子许下一个又一个诺言："再有一年就忙完了。""再有一年就是正常的生活节奏了。"可是，年复一年，黄大年还是那个有家难回的黄大年。

有时候，有些话，男人是说不出口的，唯以文字来表达。一到节日来临，他便在朋友圈里抒发几句感慨。

2016年2月22日，元宵节，他这样写道："办公楼内灯稀人静，楼外正是喜气洋洋。我们被夹在地质宫第五层，夹在'十二五'验收和'十三五'立项的接合部，夹在工作与家庭难以割舍的中间。没人强迫，只是自找，总想干完拉倒，结果没完没了，公事家事总难两全。"

2016年9月10日，教师节，他写道："可怜老妻一再孤独守家，周末、节日加平时，空守还是空守，秋去冬来，在挂念中麻木，在空守中老去。"

人毕竟不是机器，哪里经得起这样无休止、高强度的运行？2016年11月29日，也就是办公室日历上有记载的最后一个日子，黄大年再次晕倒，这一次是晕倒在飞机上。他醒后说的第一句话是："我要是不行了，请把我的电脑交给国家，里面的研究资料很重要。"

回到长春，黄大年被强制做了体检，检查结果在预料之中：住院治疗，但比预料的更糟：胆管癌。

2016年12月14日，一向健壮的黄大年，被推上了手术台。

手术前一晚，当探望的人离开后，他独自在病房打开微信相册，从头翻到尾，过往的岁月像电影一样在脑海里回放，他知道自己即将踏入"战场"，于是在朋友圈里写道："人生的战场无所不在，很难说哪个最重要。无论什么样的战斗都有一个共性——大战前夕最寂静，静得像平安夜……"没想到，这成了黄大年朋友圈的最后一条。

他去世前一天，"千人计划"联谊会换届。施一公在介绍完候选人黄大年的基本情况后，忍不住说了一句："大年病危，正在和病魔殊死搏斗。"全场肃然，唏嘘一片，大家不约而同，高票推选黄大年作为副会长，每一票都是祈祷，每一票都是挽留！

此时，在万里之遥的英国，黄大年的女儿黄潇正在分娩的疼痛中挣扎。一声啼哭，黄大年的外孙"春伦"降生，这是他早就为外孙起好的名字：长春的春，伦敦的伦。当家人把手机上婴儿的照片举到他眼前时，黄大年的意识正在渐渐远去。

黄潇与父亲上一次见面，是在去年她的婚礼上。父亲特意请假匆匆赶到英国。那一天，父亲既高兴又不舍，搂着穿婚纱的女儿，在优美的音乐中翩翩起舞。很久没有这样近距离看女儿了，原来女儿已经这么大了，这么美了，要嫁人了，父亲含泪的微笑，没有逃过女儿的眼睛。那一天，父亲送给女儿一块老旧的手表，那是父亲和母亲结婚时姥爷送给他俩的传家宝。父亲将手表给女儿戴上，便匆匆离别。

这一别，竟是永诀。

2017年1月8日13时38分，一颗强大的心脏停止了跳动，英雄魂魄化作一只百灵飞向了天空。

"百灵鸟从蓝天飞过，我爱你中国……我爱你碧波滚滚的南海，我爱你白雪飘飘的北国……"

大年，这是你生前最喜爱的歌，每当唱到深情处，你都禁不住泪眼婆娑。

"我爱你青松气质，我爱你红梅品格……我爱你森林无边，我爱你群山巍峨……"

大年，这也是你的同事学生好友亲朋最想唱给你的歌。你的青松气质、红梅品格，堪称一代知识分子的楷模；你心有大我、至诚报国的情怀，如山一样的巍峨！

英雄无悔，在梦想出发的地方，你把最宝贵的生命献给了祖国！

国士无双，人民永远不会忘记你！祖国永远不会忘记你！

（作者为人民日报记者）

《人民日报》（2017年07月12日　06版）

做这样的出彩中国人

李洪兴

"习惯了每次走过文化广场,都会抬头望向地质宫五楼那个窗口,通常灯一直会亮到后半夜。可是从现在起,我再也看不到那灯光了。"谈及海归战略科学家黄大年,很多人至今难掩悲痛与失落。"国之大匠""中国脊梁""学术界的典范"……虽然办公室不再有他的光亮,但在人们心中,黄大年早已点亮了一盏永不熄灭的灯。

"中国要由大国变成强国,需要有一批'科研疯子',其中能有我,余愿足矣!"黄大年被誉为"拼命黄郎",回国 7 年间,他带领 400 多名科学家艰苦打拼,填补了多项技术空白。有国外媒体评价,"他的回国,让某国当年的航母演习整个舰队后退 100 海里。"黄大年在科技创新的赛场上只争朝夕,在人才培养的舞台上兢兢业业,以百折不回、敢为人先的敬业精神,淡泊名利、甘于奉献的高尚情操,树立起一座震撼人心的精神丰碑。

在科学研究的词典里,没有捷径可言。孜孜以求、忘我钻研、刻苦攻关,是做学问、搞研究的应有境界。李四光在写学术论文时,曾因太投入而忘记回家。妻子派女儿去叫他,结果他正在凝神思考,偶尔抬头看到桌旁有个小女孩,继而又低头忙于写作:"你是谁家的小姑娘啊?天这么晚了,快回家吧,不然你妈妈该等着急啦!"当对方叫出爸爸时,李四光才猛然发现是自己的女儿。"不疯魔,不成活。"甘于寂寞、奋力沉潜、认真敬业，才能以创新之姿攀登科研事业的座座高峰。

最慷慨的奉献，往往孕育着最丰厚的收获。从邓稼先慨叹"不要让人家把我们落得太远"，到钱学森提出技术科学"要先走一步"；从吴文俊宣示"外国人做的我不做，外国人没想到做的我才要去做"，到袁隆平承诺"给我点时间，我让你地里多长座米山"，一代代科学家埋头苦干、永不言弃、誓争第一，在科学的田地里用心深耕，收获着累累硕果。他们从事科学研究所具备的那种耐性和韧性，那种不服输、追求极致的精神品质，也感召着后来者砥砺前行，竭力为祖国科技事业的进步无私付出。

喧嚣的时代呼唤内心的宁静。今天，有的科研工作者坐不住冷板凳，有的人一切只围着项目经费转，更有甚者，不惜为了名利舞弊作假，令科学精神蒙尘。人们之所以视黄大年为"大写的人，纯粹的人"，之所以称"布鞋院士"李小文为"扫地僧"，之所以把一生献给祖国科研的清华大学"高龄学子"当作"出彩中国人"，不正是因为他们抵达了求真敬业、无私奉献的精神境界吗？对科技工作者来说，甘于寂寞、甘于奉献，为科学开拓、为真理献身、为梦想拼搏，才无愧于知识分子的担当。

哲人有言："在科学的道路上没有平坦的大路可走，只有在崎岖小路的攀登上不畏劳苦的人，才有希望到达光辉的顶点。"像黄大年那样，以敬业精神书写生命华章，用品格力量标注生命高度，我们何愁人生不能抵达心中的远方。

（作者为人民日报记者）
《人民日报》（2017年06月23日 04版）

一位知识分子的"长征"

杨 舒 鲍盛华

82年前,两万五千里长征路上,一个英雄倒下了,红军战士掩埋好同伴的遗体,抹去眼泪,踩着泥泞,向前、向前……

这样的场面何其悲壮,在一个中年知识分子的脑海中,浮现了一遍又一遍。

多少个深夜,吉林大学地质宫507办公室的一盏台灯下,他放下手中厚重的图纸,揉着酸涩的双眼,翻开手边的长篇报告文学《长征》,触摸着那些饱蘸血火与光彩的故事,一股热流仿佛又重新回注疲惫的身体。

正是这股热流,驱使着他从西南跨越几乎整个中华大地来到东北求学。

正是这股热流,驱使着他胸怀报国之志跨越亚欧大陆前往英国深造。

正是这股热流,驱使着他18年后从伦敦奔回期待已久的祖国,更驱使着他像一架飞速行驶的列车,从地上,跨越地表,"奔向"地心,引领中国科学家冲入"深地时代"。

直到,在58岁的节点上,戛然而止。那本鲜红色封皮的《长征》,定格在564页,在那一页上,主人做了最后的折角。

他叫黄大年。

生前，他有许多个头衔，国家"863"环资领域主题专家、国家"千人计划"特聘专家、吉林大学地球探测科学与技术学院教授、博士生导师……

他获得了很多荣誉，他是全国优秀共产党员，是时代楷模，是杰出科学家，是全国优秀教师……

然而，他最喜欢的称呼是——战士。

习近平总书记说："每一代人有每一代人的长征路，每一代人都要走好自己的长征路。"

在实现中华民族伟大复兴的长征路上，黄大年抱着"活一天就赚一天，哪天倒下就地掩埋"的信念，在通往世界科技强国的征途上，拼搏到生命的最后一刻。

他留给后人的，是悲伤，是惋惜，是嗟叹；更是鼓舞，是激励，是继续奋力向前的澎湃激情。

"国家需要黄大年"

"大年的离世，是地质界和国防系统的重大损失。"吉林大学地探学院党委书记黄忠民的这句话，绝非过誉。

大国崛起，竞争无处不在。

在大宗矿产资源领域，我国矿产资源探明程度仅为1/3，依赖进口已成为影响我国经济发展和国家安全的重大问题。未探明的"2/3"，究竟在哪里？在陆地下500米至4000米乃至更深的地方！

当西方发达国家勘探开采技术深度已达2500米至4000米时，我国却大多小于500米。向地球深部进军是我国面对国际能源竞争必须解决的战略问题。发展地球物理探测技术是其中的关键。

做地球深部探测最重要的技术装备有四类：地震仪、电磁仪、无人机用航磁仪、钻机。

"这些装备，我们 95% 都要依赖进口。而航磁仪这种高精尖装备，除了探明地下矿藏，还能在空中和水下精确发现隐伏目标，用于军事防御。因此，几十年来，西方国家对我们施行严格的装备禁运和技术封锁。"中国地质科学院原副院长董树文说。

"这是国家发展无法回避的问题，如果没有深部探测装备，能源安全、向深地进军，一切都是空的，更遑论国土安全。"国家"千人计划"专家崔军红一语道破，"正因如此，国家需要黄大年。"

1992 年，取得原长春地质学院硕士学位、已留校任教的黄大年获得"中英友好奖学金项目"的全额资助，被选送英国攻读地球物理学博士学位。这个来自广西的青年人成为这批公派留学生中唯一的地学成员。

1996 年，黄大年以第一名的成绩获得了英国利兹大学地球物理学博士学位，主攻的正是地球深部探测技术研究。学成之后，尽管导师极力挽留，黄大年仍第一时间返回了母校。

回国后，老校长孙运生听取了他的汇报，敏锐地预见到，培养人才机不可失，专门召开会议研究，决定让黄大年继续留英工作。

背负着师长的殷殷期待，38 岁的黄大年又一次出国，继续从事针对水下隐伏目标和深水油气的高精度探测技术研究，成为当时从事该行业高科技敏感技术研究的少数华人之一。

这一去，就是 13 年。

这 13 年里，他在英国剑桥 ARKeX 航空地球物理公司担任高级研究员，历任研发部主任、博士生导师、培训官。他带领一支由牛津和剑桥毕业生组成的顶尖团队，致力于高效率地球探测技术。由他主持研发的许多成果处于世界领先水平，多数产品已应用于世界多家石油公司，他也成了地球物理研究领域享誉世界的"被追赶者"。

他的家庭早已成为少数跻身英国精英阶层的华人家庭，学医的妻子张艳在伦敦开了两家诊所，在剑桥大学旁拥有超过 500 平方米的花园别墅，宽阔的草坪、豪华的汽车……

但这段经历，在黄大年的回忆中，就像是一场战斗："从海漂到海归，一晃18年，得益于国家这个强大后盾，在各国才子强强碰撞的群雄逐鹿中从未言败，也几乎从未败过！"

但这仅仅是序曲，18年潜心磨砺、18年蓄势待发，黄大年心中，有更强烈的渴望，那才是人生真正意义上的战斗。

"在这里，我就像个花匠，过得再舒服，也不是主人"

"咱们回去，马上！"2009年年底，黄大年一改往日温和的语调，坚定地对妻子说。

这源自时任吉林大学地探学院院长刘财给黄大年发的一封邮件，邮件中是国家"千人计划"的有关材料。

这封邮件让黄大年心潮澎湃。

"振兴中华，乃我辈之责！"1982年1月，他在大学毕业纪念册上这样写道；

"我一定会回来的！"18年前，他对为自己送行的老师说；

"是时候了！"18年来，听到《义勇军进行曲》就禁不住泪流满面的他对自己说。

没给自己留任何后路，他用最短的时间辞职、办好回国手续。妻子张艳也以最快的速度、最便宜的价格卖掉了自己的诊所。那天，处理完诊所的所有善后事宜后，蹲在医疗器械中间的张艳失声痛哭。毕竟，18年的英伦生活，有很多不舍……

他的科研团队再三挽留："大年，别走，你在这里，我们会有更多成果，你走了，就再不能使用以前的研究了。"

他却说："在我的祖国，这个领域的研究刚刚起步，与国际水平有很大的差距。无论我在国外取得多大成绩，那都算不上是真正意义的成功。"

朋友们不理解:"年过半百,正该安心享受人生,你还要折腾什么!"

他却说:"在这里,我就像个花匠,过得再舒服,也不是主人。国家在召唤,我应该回去!"

他的回国,震动海外,有外国媒体报道说:"黄大年的回国,让某国当年的航母演习整个舰队后退100海里。"

"他这一回来啊,就像跑步上了战场"

2009年12月24日,长春。顶着纷飞的雪花,黄大年走下飞机,站在祖国的大地上。

他深知,自己面临的将是怎样一场攻坚战。

6天后,黄大年与吉林大学正式签订全职教授合同。

黄大年急啊!

在黄大年生前为数不多的采访中,他表达了这样的忧虑:"在入地探测装备上,如果说人家是导弹部队,我们还是'小米加步枪'啊!"

朋友孙伟看得真切:"他这一回来啊,就像跑步上了战场!"

"当时我们有一项地球勘探项目,想在'十二五'时期取得突破,缺一个领军人物。正着急时,有人推荐了刚回国不久的黄大年。"科技部一位负责人回忆道,"我去长春找了他,第二次见才敢开口求他——因为在这个经费上亿元的项目里,黄大年分不到一分钱。""没问题!"黄大年不假思索的回答让对方愣住了,"我有一肚子的想法和本事,只要国家需要,我就和盘托出。"

2010年春天的一个早上。项目课题组长视频答辩会马上要开始,但人员还没到齐,汇报材料也没交全。"人浮于事!"电脑前的黄大年手一挥，猛地把手机砸向地面，把手机屏幕摔了个粉碎。助手们都惊呆了，从没见过黄老师发这么大的火。"汇报材料不好好做，开会不按时到！这可都是国家的钱，都是纳税人的钱啊！"黄大年拍着桌子吼道。事后，黄大年向董树文坦言："我有时很急躁，我无法忍受研究进度随意拖拉。我担心这样搞下去，中国会赶不上！"

国土资源部、科技部、教育部、中船重工、浙江大学……多个部门和机构里，都能找到熟悉黄大年的专家。就连黄大年自己团队里的成员，也很难搞清楚他在同时承担多少项工作。

回国7年间，国家"863计划"航空探测装备主题项目、国土资源部"深部探测关键仪器装备研制与实验项目"——两个经费上亿元的大项目，作为首席科学家的黄大年一力承担。同时，他协助国土资源部完成战略部署，组织"千人计划"专家成立科技创新建言献策工作组，带领吉林大学十多个学科建立新兴交叉学科学部。

回国7年间，陆地大功率电磁勘探系统、无人机航磁探测系统、无缆自定位万道地震勘探系统、我国首台万米大陆科学钻探装备"地壳一号"……黄大年带领400多名科学家锻造大国重器，创造了多项"中国第一"，为我国"巡天探地潜海"战略填补多项技术空白。

2016年6月28日，以他所负责的第九项目"深部探测关键仪器装备研制与实验"结题为标志，短短几年时间，中国深部探测能力已跃居国际一流水平，部分领域处于国际领先地位。欧美学界发出惊叹——中国人不再沉默了，中国正式进入"深地时代"！

是夜，庆功宴上的黄大年喝掉半瓶白酒，泪水纵横："咱们追上了，终于追上了！"

"我没有敌人，也没有朋友，只有国家利益"

山河破碎，长征勇士"为主义牺牲，为工农死节"。作为和平年代的知识分子,黄大年的信仰又是什么?

他的弟弟黄大文、他的"千人计划"朋友、他身边的许多人竟异口同声地告诉记者:"那一定是——国家利益高于一切!"

2004年,远在广西的父亲病重。此时,黄大年作为英国公司派出的代表,与美国专家一起在1000多米的大洋深处进行"重力梯度仪"技术攻关。如果不是导师极力推荐,美方不会让一个中国科学家参与其中,而一旦退出,就再也不能返回。攻关进入关键时刻,黄大年忍着眼泪,坚持做完试验。再次回到陆地之上,父亲早已离开人世。

两年后,在美国空军基地,同样的试验从潜艇搬上了飞机。黄大年的母亲恰在此时陷入病危。弥留之际的老人通过越洋电话对他做了最后的叮嘱:"大年,你不用回来。你要记住,你是有祖国的人……"

黄大文说,没能在父母跟前尽孝,是哥哥心中永远的痛,但若重来,也许也不会有第二种选择。

因为,在黄大年心中,国家利益高于一切。

"黄大年对待科研不唯上不唯权不唯关系,不允许你好我好大家好,他看重的是国家利益。"国土资源部科技与国际合作司副司长高平说。

"深部探测技术与实验研究"的第九项目,涉及数亿元经费,作为负责人,如何有效组织科研力量,是一个极大的考验。

黄大年没有把眼光仅仅盯着自己的学校,而是放眼全国,寻找最适合的科研单位。

许多单位想要参加,他不提前通知,直接"飞"到人家的实验室和车间,摸清对方资质和水平。一旦选到合适的科研单位,他会直接给对方负责人打电话,开口便说:"我有一个几亿元的项目,想请您单位参与进来研究。"以至于很多单位的领导接到电话简直不敢相信:"谁会主动给钱、给项目?不会是骗子吧!"有些自认为和他关系不错的专家找来,想"争取经费",他一句"我没有对手,也没有朋友,只有国家利益",噎得对方说不出话。

后来,大家发现,"居然连吉林大学也没有多拿一分钱"。

为此,黄忠民曾与他争执:"学校学院年底都有考核,在项目和经费分配上,你给吉林大学做了什么,给学院又做了什么?"黄大年听罢只回答:"可这是为国家做事。"

项目按进度要定期开会,有些专家承担的科研任务比较多,不能全程参加,他的回应毫不客气:"如果想要挂名,就不用来了。"开论证会,无论什么人在场,他发言从来实事求是,直指重点。

因为,在黄大年心中,国家利益高于一切。

国家"千人计划"专家王献昌说:"大年回国,什么行政职务都不要。他是院士评审专家,以他的能力和贡献,早就可以申报院士了。我劝他抓紧,可他却说要先把事情做好,这个暂时不考虑。"黄忠民说,黄大年参加学术会议或是讲座,能准备十几页的材料,但要让他填报个荣誉材料啥的,半页纸都不到。

因为,在黄大年心中,国家利益高于一切。

"拼命黄郎"

总怕"赶不上"的黄大年,是一台超负荷运转的机器,不断透支着自己。他是一个"轻伤不下火线"的战士,带着团队冲锋、再冲锋。

在助手的眼里,黄大年的工作有两个状态:加班和出差。同事们背后送给他一个雅号——"拼命黄郎"。

是的,他真的是在拼命!

从早上八点一直工作到第二天凌晨两三点,早上八点又重新出现在办公室，周而复始。地探学院所在的地质宫大楼每晚10点关大门，可这条"禁令"却对黄大年不起作用。"黄老师总是后半夜来敲门，刚开始我们不高兴。"地质宫门卫庞春江回忆，"但后来时间长了，我们觉得他才是真不容易，就告诉他'无论多晚进出，喊我一声就行'！"

生活上，黄大年不讲究——饿了，有时吃两棒烤苞米，有时干脆不吃；困了，灌一杯黑咖啡；倦了，披着旧夹克眯一会儿，或是大冬天干脆打开窗户冻得一激灵继续工作。

工作上，他追求无懈可击——哪怕凌晨一点发现汇报材料上有一个错别字，也必须重新修改打印校对，哪怕忙到天亮也不歇气。

除了加班，就是出差。7年间，他平均每年出差130多天，最多的一年160多天，而几乎每次出差的日程都被安排得满满的。秘书问他订哪一趟航班，他总是头也不抬："就今天最后一趟吧。"

司机刘国秋说，黄大年出差往返总是在半夜，"一上车就开始接打电话说项目的事儿，一说就是半个多小时"，有时突然没声儿了，一转头，原来是他举着电话歪在后座儿睡着了。后来，刘国秋干脆从自家拿来枕头被子，常备在后座上。

助手于平说，黄大年出差，在飞机上不是写材料就是修改PPT，"从来不闲着"。

国家"千人计划"专家田梅说，每次在北京开会碰见黄大年，他总是"带着小跑，一头汗"。

只要黄大年在学校，办公室门口就经常排着长队。秘书王郁涵说："黄老师健谈，别人问一个问题，他能给讲两三个小时，等他的人排也排不完，简直需要个叫号机。"

忙碌的黄大年也有铁汉柔情的流露。

2016年元宵节，在办公室加班到半夜的黄大年，发了一段文字到微信朋友圈："办公楼内灯稀人静，楼外正是喜气洋洋。我们被夹在地质宫第5层,夹在'十二五'验收和'十三五'立项的结合部,夹在工作与家庭难以取舍的中间。"

难以取舍,终究也要取舍。

为了赶项目进度,女儿在英国的婚礼被一推再推,2016年5月8日,黄大年好不容易挤出时间赴伦敦参加了婚礼,而这,竟成了他和女儿见上的最后一面。

2016年教师节,在外出差的黄大年在微信中感叹:可怜老妻一再孤独守家,周末、节日加平时,空守还空守……回国6年多,在长春南湖边200平方米的大房子里,孤独的妻子"从灿烂到忧郁""从微笑到焦虑",总说"忙完这一年就好了",却一年之后又一年。

因为有取舍,他牺牲了自己的健康。

2016年6月27日,在前往北京参加"深部探测"项目结题会的前一天,连着熬了三个晚上的黄大年晕倒在办公室的地板上。

"不许跟别人说。"这是黄大年醒来后对秘书说的第一句话。开会前,他倒出几粒随身带的速效救心丸,一仰头扔在嘴里,就走进了会场。

后来的几个月,昏倒和胃痉挛的频率越来越高,助手劝他去体检,他总以忙来推脱,自己从家里拿几粒药生生顶着……王献昌很心疼:"你这是拿命在做科研啊!这么下去,铁打的身体也扛不住!"他在微信里回复得干脆:"我是活一天赚一天,哪天倒下,就地掩埋!"

2016年11月29日凌晨两点,因为胃部剧痛,黄大年晕倒在北京飞往成都的航班上。在成都市第七人民医院急诊室里,医生想伸手抽出他怀里的笔记本电脑,却发现被他箍得死死的。苏醒过来的黄大年,睁眼看到电脑,才长舒一口气:"里面的研究资料可不能丢,我万一不行了,千万要交给国家。"

回到长春,黄大年被"强制"做了体检。等结果的那两天,他又去北京出了趟差。

检查结果出来了：胆管癌。肿瘤已蔓延到胃部和肝部……

手术前，在病房里，黄大年一边叮嘱着于平"把咱们的经费再砍掉一些"，以确保项目其他机构能积极参与，一边对前来探望他的吉林大学校领导说："手术后两个礼拜就回来上班，绝不会影响工作！"

然而，2017年1月8日，在吉林大学白求恩第一医院的病床上，这个"铁打"的战士再也没有醒来。

"只解沙场为国死，何须马革裹尸还"

黄大年常把人生比作战场，把自己当作战士，为什么？

这要从他家里的一把刀说起。

20世纪80年代，从原长春地质学院毕业的黄大年新婚，一个在军工厂工作的朋友用废钢给他磨制了一把刀，作为贺礼。刀刃极锋利，简直削铁如泥。黄大年一直珍藏，说"像极了自己"。

朋友们知道，黄大年虽是一介书生，但心中始终有一个"英雄梦"。

他向往英雄的豪气干云。

中学时代，在贵港中学，他的同学很多是广州军区塔山守备英雄团野战部队的子弟。每天同学们聚在一起，神往的是以一敌十的战斗英雄，吟诵的是"只解沙场为国死，何须马革裹尸还"。直到几十年过去了，黄大年仍然走路咚咚响、讲话嘎嘣脆。

他倾慕英雄的壮怀激烈。

在海外工作期间，有一次他和好友孙伟两家一起回国到长白山旅行，回程路上，孙伟不经意提起："这附近不远就是靖宇县了。""那我一定要去看看！"当即，黄大年改变行程，拉着两家人直奔杨靖宇将军的牺牲地。孙伟记得，在那里，他看了很久很久。

黄大年的英雄梦渗透在每一个项目中。

在深部探测技术与实验研究专项启动伊始，他效法军事演习，提出"红蓝军"对阵的思路——一方面引进国外先进装备平台，对照着自主研发原创装备，时时参照。

他在主持项目中严格执行军事化管理——引入世界先进的管理软件系统，把项目进度严格分割到每季度、每月甚至每天，每晚11点他必检查，谁偷懒谁勤奋，一清二楚，任何人都拖延不得。

他的英雄梦澎湃着热血，有时执着得不禁令人莞尔。

有一年，黄大年与妻子和助手团队赴欧洲讲学。会场外，是一片社区健身场地。"大年，你也很久没抽时间运动了，这会儿趁着没事儿，就在这儿锻炼锻炼吧。"妻子拉着他的手，就往场地上走。"算了，赶紧走吧。"黄大年瞥了一眼场地，扭头就走，妻子和秘书追都追不上。后来，在开会间隙，黄大年偷偷对秘书说："不是我不想动动，但场地上那么多外国人，人家做十个俯卧撑，我就能做五个，咱绝不能给中国人丢人哪！"

"知识分子无论放到哪里，都会发光"

这个一身热血的汉子，在他人眼里，同时也是一个"完美、纯粹的知识分子"。中科院院士施一公、国家"千人计划"专家田梅……许多与他相熟的科学家在记者面前，都对黄大年不吝以这样的赞美。

知识分子何为？"知识分子的职责是守护人类的基本精神价值，努力使社会朝健康的方向发展。"哲学家周国平曾这样说。

黄大年的父母是广西地质学校的教师，从小给他讲钱学森、李四光的故事，在父母的描述中，他们"性格坚韧"，"是民族的脊梁"。

在乡村"五七"中学就读时，学校老师里有很多是下放的"大知识分子"，在黄大年的回忆中，他们"认真、不苟言笑、忍辱负重却爱才、惜才"。

"是他们让我懂得了，知识分子无论放在哪里，都会发光。"他说。

在黄大年办公室，办公桌后面习惯并排摆着两把椅子，学生或访客来了，他不会让他们坐到桌子对面，而是挨着他坐下，真正促膝谈话。在外开会交流，遇到场地紧张，他会优先把沙发让给别的专家，自己则寻个小板凳，甚至径直坐在地板上。

对于新回国的人才，他格外关心。"你嫂子回英国了，你把我的车开走一台吧，这样你生活会非常方便。"2016年5月郭旭光博士回国探亲，仅见过三次面的黄大年就这样对他说，让他感喟至今，"像兄弟一样"。

2010年，吉林大学启动"名师班主任计划"，设立"李四光班"。黄忠民想到了黄大年，但心里也在打鼓：承担着数亿元的重大项目，他哪有时间来当本科生的班主任？他只试探性地一问，黄大年没有半分犹豫，"我非常愿意"。

学生们幸福了：搞地质研究需要大型复杂在线软件，黄大年马上自掏腰包给全班24名学生每人买了一台笔记本电脑；实验室和科研平台都位于大楼的顶层，冬天冷，夏天热，黄大年自费给每个房间配备了电风扇和电暖气；夏天怕学生们中暑，他嘱咐妻子给学生们煮绿豆汤；雾霾天的时候，他给学生们准备防霾口罩；学生没钱去参加国际学术会议，路费全部由他支付；学生深夜还在微信群里"冒泡"，他还赶紧叮嘱"要早点睡觉"。

在生命的最后一段日子里，他倚在床上打着点滴，让学生们轮流来病房，为他们答疑；他记挂着团队里的姚永明要参评副教授，硬是用颤抖的手，歪歪扭扭地写下一段推荐语。

他不在意自己，却爱惜这些青年才俊。"如今，中国正努力从科技大国向科技强国迈进，而这段并不平坦的进程需要几代人去完成。

如何培养更优秀的人才,让文化与智慧长久地传承下去,值得每个人思考。"

7年间,他指导了44名研究生,其中1人获得刘光鼎地球物理青年科学技术奖,1人获教育部博士学术新人奖,3人获吉林大学研究生优异成绩最高奖"李四光奖",1人获吉林省自然科学学术成果二等奖,8人获国家奖学金。

黄大年生前曾对记者说:"我的生活很简单,够用就好,我的钱用在哪里?都用在学生身上。"他去世后,很多人想不到,享受"千人计划"近百万元年薪的黄大年,所有账户加起来的存款,只有几十万元。

"能让中国立足于世界民族之林,有一帮人在拼命,不是我一个人"

"2016年,'中国天眼'落成启用,'悟空号'已在轨运行一年,'墨子号'飞向太空,神舟十一号和天宫二号遨游星汉……"

2017年1月1日。病房里,手术后18天的黄大年手臂上插满了管子,在青年教师焦健的帮助下,认真地收听着习近平主席的新年贺词,前一天晚上,他已经托护士把这段视频录下来,拷贝进电脑里,看了好几遍。

听着讲话,黄大年显得有些激动,他猛地深吸一口气,用沙哑的声音对焦健说:"国家对科技创新这么重视……我高兴……你们都要准备好,加油干啊……"

黄大年口中的"你们",既有年轻的科研后辈,更有和他一样的知识分子中坚——"能让中国立足于世界民族之林,有一帮人在拼命,不是我一个人,在中国做科学,玩命去干,不是我一个人!"

在记者采访的海归专家中,很多人与黄大年因"千人计划"联谊会而相识，因为各自都十分忙碌，他们甚至没有和黄大年单独吃过一次饭，即使谈话也总共加起来只有几小时，但大家在一起却心有灵犀。"我们回国的选择是一样的，对国家发展的想法是一样的，对事业的拼搏是一样的，哪怕只是寥寥数语、一个眼神，就能明白对方，我们是一群立志报国的人！"

于平说，原以为黄大年走了，大家就散了，没想到，大家还在，都在完成他未竟的事业。一批和黄大年一样的海归专家正在努力把黄大年一手建立起来的新兴交叉学部完善下去。黄大年的学生有的已经留校，一口气承担了好几个项目，要把老师的事业完成。还有更多的学生出国深造，他们没有忘记向老师许下的诺言："出去一定要回来，回来一定要报国。"他们将成为中国地探学的生力军。

黄大年曾说，自己的偶像是"两弹"元勋邓稼先："看到他，你会知道怎样才能一生无悔，什么才能被称为中国脊梁。当你面对同样选择时，你是否会像他那样，义无反顾？"

"人的生命相对历史的长河不过是短暂的一现，随波逐流只能是枉自一生，若能做一朵小小的浪花奔腾，呼啸加入献身者的滚滚洪流中推动历史向前发展，我觉得这才是一生中最值得骄傲和自豪的事情。"这是黄大年当年写在入党志愿书中的誓言。

这是一个战士的誓言。

一生无悔。

（作者为光明日报记者）
《光明日报》（2017年07月13日 01版）

纯粹的人黄大年

李己平

人物小传

1958年生，中共党员。著名地球物理学家，曾担任国家"千人计划"专家联谊会第三届执委会副会长，吉林大学新兴交叉学科学部学部长，地球探测科学与技术学院教授、博士生导师。

作为国家"863计划"首席科学家，黄大年率领的科研团队取得的成果填补了多项国内空白，部分成果达到国际领先水平，为深地资源探测和国防安全建设作出了突出贡献，荣获中国侨界贡献奖。

2017年1月8日黄大年因病不幸逝世，2017年2月，吉林省委追授他为吉林省特等劳动模范。习近平总书记对黄大年先进事迹作了重要批示。

有的人离去了，却还活在大家心中。黄大年就是这样的人。记者听黄大年生前同伴和学生讲述他走进手术室，挽着袖子与大家告别时的情景，那神情倒像是他在安慰病人，与死神打交道的不是他。

2017年1月8日至今，黄大年离开大家已近半年。恍惚间，他还是那个背着双肩包、穿着牛仔裤进出办公室的人。如果他出差回来，学生们一定会盯上他包里的小饼干，或其他小食品，让大家伙解解馋。中午，他就在外边买个烤苞米，一杯咖啡、一点水果就是一顿饭。

"黄大年是生活在童话世界中的人。"他的同事马老师这样评价他，"高兴的时候像个孩子一样，特别单纯，打个羽毛球赢了外国专家都让他乐不可支。"他还是个"不拘小节"的人，同事记得，他刚回国的时候，有饭局他就稀里糊涂坐到主宾席，后来有人告诉他规矩，他像个小孩子犯错误一样接受指点。

"一定要出去，一定要回来"

在研究领域，黄大年是国际航空地球物理研究领域的著名科学家。在国内他带领着全国各院校400多名师生开展跨学科研究。他的思维独特，方法超前，集纳各方研究成果，用于特殊领域。黄大年把几乎所有精力都投入地球物理研究，他回国前在英国剑桥ARKeX航空地球物理公司任高级研究员12年，长期从事海洋和航空快速移动平台高精度地球微重力和磁力场探测技术工作，根据这项技术能确定海下是否有石油等矿藏，水下是否有潜艇等异物入侵。

2009年黄大年回国在国内外引起很大反响。回到母校6天后，黄大年与吉林大学签下全职教授合同，入选国家"千人计划"，他没有跟有关部委谈1分钱经费的事，最后却得到4.4亿元的科研经费，组成面向全国的高层次跨学科科研团队。

黄大年放弃了英国伦敦的高级别墅，以及同妻子共同购置的两个诊所。"像逃亡一样离开，房、车、满库房的药品，都顾不上了"，黄大年曾玩笑似的讲起当初回国时的情形。黄大年也在这个鲜花簇簇的庭院对妻子说："我一定要回去，你要在这里过优越的生活，我们只有分开。"这就是那个黄大年，为了心中的信念，坚定不移。戴着眼镜、面色黝黑的他敦敦实实，但也是个急性子，走起路来咚咚响,说起话来语速非常快。

著名美学家、教育家朱光潜说过,做人到极致就是以入世的态度做事,以出世的态度做人。出世就是不苛求利益,超脱世俗;入世就是全力以赴,竭力争取。

黄大年于1958年出生在广西南宁市,随父母下放到桂东南一个小山村,高中毕业后加入地质队,1977年考入长春地质学院,1992年赴英获博士学位。1996年回国后不久又到英国从事海洋和航空快速移动平台高精度地球重力和磁力场探测技术研究。

"一定要出去,一定要回来。"这是黄大年的信念。随着自身研究能力的提升和对其他国家一些项目的参与,黄大年了解到我国发展海洋经济的需求,深感自身责任重大,回国的愿望越加迫切。他在大西洋深处与美国某公司开展技术攻关研究时,辗转接到父亲离世前最后一通电话:"儿子,你可以不孝,但不可不忠,你是有祖国的人!"

科学无国界,科学家却有自己的祖国,祖国高于一切。黄大年积累着能量并等待着机会。2008年国家制定"海外高层次人才引进计划"即"千人计划",黄大年认为在国内开展他所从事研究的学科条件基本具备。"竭尽全力、鞠躬尽瘁、不计得失。从海漂到海归,得益于国家强大的后盾。只要大家努力和坚持,一定能实现强国梦……青春无悔、中年无怨、到老无憾。""叶落可以归根,但作为高端科技人员在果实累累的时候回来更好,最有价值,带着经验、技术、想法和追求回来,实现报国梦想。"这是黄大年回国后不久在他的微信朋友圈中写下的两段话。

为国工作是荣誉更是存亡

在英国工作期间,剑桥为黄大年配备了最强的国际团队,先进的科研仪器随用随取,黄大年只管专注研究。回国后,黄大年的助手于平教授说,"买国外的设备很贵,这也罢了,最怕的是他们不卖给你,设置技术壁垒。黄老师就带领我们自己制作具有自主知识产权的仪器装备,从零开始"。

与国外强强对话,黄大年没有失败过。在他看来,现在为国工作是荣誉更是存亡。黄大年经常自己加压,一个字"拼",两个字"拼命"。他的学生们背后送给他一个外号——"拼命黄郎"。

吉林大学地探学院研究中心在长春著名的地标建筑地质宫,这里每晚10点关门,可黄大年却经常在办公室里工作到凌晨两三点才离开。有时出差回来就直接赶回办公室准备第二天的工作。楼下传达室的大爷不愿意了,深夜总被叫醒给黄老师开门。后来黄老师的学生告诉黄大年其人,传达室的大爷也对黄老师产生了深深敬意,"黄老师,您无论多晚进出,喊一声就行"。

地球深部隐藏着多少秘密?深部探测关键仪器装备可以使地球变得"透明"。黄大年课题组取得了一系列重大科研成果,目标就是我国在30年到50年内在航空地球物理领域要达到巡天、探地、潜海,开启地球之门。

最愿意做的就是教书育人

在英国时,黄大年一部分工作就是带年轻团队,回国后迫切地要"带出一批像样的年轻人,就是能到国际舞台上,能够站得住脚,能够有话语权,甚至掌握领先科技的一批人"。"他非常着急的就是这件事,最愿意做的就是教书育人,最看重的是教师身份",地探院党委书记黄忠民十分了解黄大年。

2010年,黄大年担任"李四光试验班"班主任。助手于平说,在黄大年看来,每一个学生都是一块璞玉,只要因材施教都能成才。

在生活上,黄大年用父亲般的慈爱呵护学生,事无巨细。夏天,他让妻子给学生们煮绿豆汤；雾霾天，他给同学们准备口罩；冬冷夏热，他给每个房间配备电风扇和电暖器；学生丢了钱包，他给掏生活费；学生母亲罹患疾病，他得知后毫不犹豫地提供经济援助，并帮助联系医生；他为参加国际学术会议的学生报销路费，甚至还资助过多名出国留学的学生。他兜里的钱随时可以掏出来供大家使用。黄大年的亲人在他去世后帮助整理后事，发现他的卡里只有10万元，要知道吉林大学一年的聘金就是80万元，他的小家曾经多么殷实。

相反，他对自己的生活没什么要求，他的得意门生之一卢鹏宇讲了黄老师带他到上海出差的故事：黄老师的所长同学请他们吃饭，老师提出到一个桂林米线店吃几元钱的米线，竟然连续几顿饭都在那里吃。"严师""慈父"，是学生对黄大年的定义。

中国科学技术协会副主席、清华大学副校长、中科院院士施一公这样评价黄大年："他是最单纯的忠心赤胆的海归科学家，单纯到为了祖国和科学事业的发展从不计较个人得失，倾注全部精力。他是一代人的楷模，是中国知识分子的楷模，是460万留学生的楷模，他的精神感染激励的是一个领域、一批学子、一代人。"

习近平总书记作出重要批示，学习黄大年心有大我、至诚报国的爱国情怀，学习他教书育人、敢为人先的敬业精神，学习他淡泊名利、甘于奉献的高尚情操。

黄大年生命的最后一段是这样度过的：2016年11月28日晚，在北京飞往成都的飞机上，黄大年因腹部痉挛昏迷；29日正常到会场；12月8日从北京出差回长春住进医院；第二天起，他有计划地叫学生来病房布置学习计划，安排工作；第三天他在短信里对校领导说"争取两周内重返岗位，治疗期间不会对工作有影响"；12月13日，把合作者王献昌等人让到病房沙发上，他坐在小板凳上与两人谈了两个半小时的工作；14日手术，昏迷。

黄大年最爱唱的一首歌是《我爱你，中国》，因大我而忘却小我由此纯粹。黄大年在微信朋友圈这样写道:"没有'心情的阳光'和聊以自慰的'艺术陶醉'就不会有始终如一的坚持,初衷不变,童心难改。幸运的是,回归母校与诸位知根知底的伙伴们为伍,一路走来开心愉快,走多远算多远,倒下就地掩埋。"

(作者为经济日报·中国经济网记者)

《经济日报》(2017年06月07日　15版)

链接·各地深入开展向黄大年学习活动

吉林省召开会议贯彻习近平总书记重要指示精神
深入开展向黄大年学习活动

人民日报长春5月26日电 （记者孟海鹰）26日，吉林省委召开会议，学习贯彻习近平总书记对黄大年同志先进事迹作出的重要指示精神，研究部署进一步深入开展向黄大年同志学习宣传工作。

会议要求，要深入学习领会好习近平总书记重要指示精神，深入学习黄大年同志心有大我、至诚报国的爱国情怀，教书育人、敢为人先的敬业精神，淡泊名利、甘于奉献的高尚情操，以黄大年同志为榜样，进一步激发全省广大党员干部群众干事创业热情，积极投身新一轮全面振兴，努力在决胜全面小康、建设幸福美好吉林中建功立业，为实现"两个一百年"奋斗目标、实现中华民族伟大复兴的中国梦贡献智慧和力量。

连日来，黄大年同志先进事迹在吉林省广大干部群众中引起强烈反响。长春光机所所长贾平说，黄大年教授以国家需求为己任，在科学研究中勇于探索的进取精神、在工作生活中淡泊名利的高尚人格，给新时期的科研人员留下了宝贵的精神财富。东北师范大学传媒科学学院副教授王丽说，看了黄大年的先进事迹，被他的拳拳赤子之心、漂泊海外心系祖国的情怀深深打动。作为高校教师，应该认真教书育人，努力研究探索，为祖国的人才培养贡献力量。

《人民日报》（2017年05月27日 04版）

首都侨界举行黄大年先进事迹报告会

据新华社北京 5 月 25 日电 （记者崔静）25 日下午，由中国侨联主办的黄大年先进事迹报告会在北京举行，来自首都各区县的归侨侨眷、学生代表等约 2000 人聆听报告会，被黄大年的先进事迹深深打动。

黄大年是英国归侨、著名地球物理学家，生前担任吉林大学地球探测科学与技术学院教授、博士生导师。2009 年，黄大年毅然放弃国外优越条件回到祖国，刻苦钻研、勇于创新，取得了一系列重大科技成果，填补了多项国内技术空白。他秉持科技报国理想，把为祖国富强、民族振兴、人民幸福贡献力量作为毕生追求，为我国教育科研事业作出了突出贡献。

中国侨联主席林军号召广大归侨侨眷和海外侨胞向黄大年学习，学习他报效祖国、立志为祖国和人民奉献全部的赤子情怀；学习他恪尽职守、为国家培养科技人才的高尚风范；学习他勇于创新、攀登前沿科技高峰的可贵担当；学习他勤奋拼搏、为实现报国梦鞠躬尽瘁的崇高精神；学习他弘扬和践行社会主义核心价值观，做高尚的人、纯粹的人、有益于人民的人。

报告会持续了一个半小时，现场的归侨侨眷和学生代表被黄大年的事迹所打动，很多人数次落泪。一位老归侨向记者表示，国家的经济社会建设太需要像黄大年这样的人才，希望海外留学人才能够像黄大年一样，时时刻刻想着祖国，在合适的时候，回国参加建设。

《人民日报》（2017年05月26日　04版）

中国科协开展学习黄大年先进事迹活动

人民日报北京 5 月 28 日电 （记者喻思娈）记者 27 日从中国科协获悉：中国科协将在科技界深入开展一系列学习黄大年先进事迹活动。

中国科协有关负责人表示，中国科协将联合有关部门，组织黄大年先进事迹宣讲团，在首都科技界开展集中宣讲活动，并组织赴上海、浙江等高校、科研院所和高新企业集中、科技工作者密集的省份和城市进行巡回宣讲，弘扬科技界创新争先的时代主旋律。

中国科协将黄大年列入"共和国的脊梁——科学大师名校宣传工程"序列，支持吉林大学创作排演反映黄大年同志先进事迹的话剧并开展巡演汇演。

《人民日报》(2017 年 05 月 29 日　04 版)

黄大年先进事迹报告会走进江苏

新华社南京7月6日电 （记者郑生竹）6日上午，黄大年同志先进事迹报告会在南京大学举行，南京高校师生代表近1200人参加了报告会。

为认真学习习近平总书记重要指示精神，广泛开展向黄大年同志学习活动，由中央组织部、中央宣传部、教育部、科技部、中国科协和中共吉林省委联合组织的黄大年同志先进事迹报告团，在北京举行首场报告会后，赴江苏、上海、湖北、广西、陕西5省（区、市）作巡回报告。

报告会上，吉林大学副校长孙友宏，黄大年同志科研团队成员、吉林大学教授于平，吉林大学党委统战部副部长、欧美同学会常务副会长任波，黄大年同志学生、吉林大学博士研究生乔中坤，吉林日报社记者孙春艳等5位报告团成员，结合亲身经历，分别从不同角度、不同侧面，讲述了黄大年同志的先进事迹和崇高精神，真实再现了黄大年同志可歌可泣、可钦可敬的光辉而短暂的一生。黄大年同志是新时期教育工作者教书育人的杰出榜样，是留学归国人员爱国报国的先进模范，是践行社会主义核心价值观的时代楷模。习近平总书记作出重要指示，高度赞扬黄大年同志的先进事迹和崇高精神，强调要以黄大年同志为榜样，学习他心有大我、至诚报国的爱国情怀，学习他教书育人、敢为人先的敬业精神，学习他淡泊名利、甘于奉献的高尚情操，把爱国之情、报国之志融入祖国改革发展的伟大事业之中、融入人民创造历史的伟大奋斗之中，从自己做起，从本职岗位做起，为实现"两个一百年"奋斗目标、实现中华民族伟大复兴的中国梦贡献智慧和力量。

《人民日报》（2017年07月07日 09版）

黄大年先进事迹感动上海高校师生

人民日报上海7月7日电 （记者姜泓冰）7日，黄大年同志先进事迹报告团走进复旦大学。报告团成员分别从不同角度、不同侧面，深情讲述了黄大年同志的感人事迹，真实再现了黄大年同志崇高的精神品格。黄大年同志报国的决心、科研的激情、育人的热情，感染并激励着现场每一个人。

报告会在复旦大学设主会场，在同济大学设视频分会场。上海市教委信息中心安排了网络直播。沪上高校师生代表1000余人聆听了报告会。

5位报告团成员接连上台演讲，复旦大学光华楼报告厅内，鸦雀无声。面对一幅幅黄大年同志生产科研、生活照片，听着一个个生动感人的故事情节，不少人泪流不止。

复旦大学经济学院教授石磊说："知识分子应从黄大年的事迹中去思考这样一个问题，知识分子的生命用什么来衡量？"在他看来，黄大年同志58岁的一生写就了一个知识分子最精彩的华章。

复旦大学党委书记焦扬表示："我们要将学习黄大年同志先进事迹同落实全国高校思政会议精神结合起来，牢记立德树人的根本使命，加强师德师风建设，引导广大教师弘扬高尚师德，做'四有'

好老师;要将学习黄大年同志先进事迹同建设世界科技强国的实践结合起来,加快推进科技创新,紧盯学术前沿,为建设科技强国、人才强国助力奉献。"

《人民日报》(2017年07月08日　03版)

黄大年先进事迹报告会走进湖北

人民日报武汉 7 月 10 日电 （记者田豆豆）10 日下午，黄大年同志先进事迹报告会在武汉大学举行，报告团成员从不同角度讲述了黄大年教授的先进事迹，华中科技大学、武汉理工大学等湖北地区高校师生代表以及武汉大学长江学者、"千人计划"学者等近千人参加。

武汉大学党委书记韩进表示，黄大年同志的先进事迹和崇高精神对于广大知识分子、科技和教育工作者，对于武汉大学师生员工，有很好的教育、启迪和激励作用。我们要立足自身实际，怀揣信念、感情、担当做好本职工作，把爱国之情、报国之志融入祖国改革发展的伟大事业和创建中国特色世界一流大学的伟大征程之中。

武汉大学物理科学与技术学院教授袁声军说："黄大年老师的爱国热情和专业精神深深打动了我。祖国培养了我们，现在是我们回报祖国的时候。国家至上、民族至上、人民至上，作为一名学者，我会尽自己最大的努力，用专业知识和爱国情怀，服务国家，建设祖国，做一个有担当的中国人。"

华中科技大学物理学院教授刘向东说，自己和黄老师 6 年前相识，与他一起承担了科研项目。在与他共事时，最让自己感动的是他不图名利、专注做事的精神，他所做的一切，都是为了让我们的国家早日强大。他深深的爱国情，值得自己认真学习。

《人民日报》（2017年07月11日 04版）

黄大年先进事迹报告会走进广西

人民日报南宁7月12日电 （记者王云娜）12日下午，黄大年先进事迹报告团走进广西大学。报告团成员分别从不同侧面，讲述了黄大年心有大我、至诚报国的爱国情怀，教书育人、敢为人先的敬业精神，淡泊名利、甘于奉献的高尚情操，真实再现了黄大年可歌可泣、可钦可敬的一生。报告感人至深，催人奋进，使听众深受教育和感动。

报告会在广西大学礼堂举行，约1000名高校师生代表及吉林大学校友代表参加。报告团5位成员分别围绕"战略科学家的中国梦""地质宫不灭的灯火""留学报国的时代楷模""黄老师，我们想您！""心有大我　至诚报国"等主题，讲述了黄大年的感人事迹。

广西大学校长赵跃宇表示，要号召全区高校教师以黄大年同志为榜样，树立正确的价值导向，增强战略定力，热爱岗位，尽职尽责，敢于担当，甘于奉献，更好地为实现"两个一百年"奋斗目标和中华民族伟大复兴的中国梦而努力奋斗。

黄大年出生于广西南宁，报告团此次来到他的家乡，他的弟弟黄大文也在场聆听了报告。黄大文是广西机电工业学校的一名行政管理人员，他从小就很崇拜哥哥，听了报告会，才知道哥哥有这么多的先进事迹，才了解到哥哥为国家科技进步做了那么多"大事"。

"哥哥的事迹让我很感动,也激励我做好本职工作,在平凡的岗位上尽职尽责,乐于奉献。"

"黄大年老师曾对同学说,振兴中华,乃我辈之责。这句话让我深受鼓舞。"聆听报告后,广西大学马克思主义学院2015级研究生曾婷说,"我会谨记黄老师的话,即便做一朵小小的浪花,也要呼啸着加入振兴中华的滚滚洪流,为祖国添砖加瓦。"

《人民日报》(2017年07月13日 04版)

黄大年先进事迹报告会走进陕西

人民日报西安7月14日电 （记者张丹华） 7月14日下午，由中组部、中宣部、教育部、科技部、中国科协和吉林省委联合主办的黄大年同志先进事迹报告会，在西安交通大学兴庆校区宪梓堂举行。来自陕西15所高校的1400余名师生代表在现场聆听了报告。

报告会上，吉林大学副校长孙友宏，黄大年同志科研团队成员、地球探测科学与技术学院教授于平，党委统战部副部长、吉林大学欧美同学会常务副会长任波，黄大年同志学生、2017级博士研究生乔中坤，吉林日报社记者孙春艳等5位报告团成员，分别从不同角度、不同侧面，深情讲述了黄大年同志的先进事迹，真实再现了黄大年可歌可泣、可钦可敬的一生，引发了陕西师生的强烈反响和共鸣。

西安交通大学校长王树国说："黄大年同志心有大我、励志报国的精神给我留下了深刻的印象。中国正在走向世界舞台中心，我们有两个百年中国梦，要实现梦想，最重要最核心的恰恰是我们这个民族所应该具备的精神——心有大我、励志报国。这是民族赖以生存、生生不息的精神支柱。"

大学教师霍愿感叹："黄大年同志既是伟大的也是平凡的，面对祖国刚刚起步的研究他会感到焦虑与不安，生怕我们落后于其他国家太多。而他的伟大便体现在他将这种焦虑与不安转化为了强大的动力，进一步激发了他为祖国奉献的一片真心，成为了他日夜拼搏的精神支持。"

《人民日报》（2017年07月15日　06版）